たは
うべき人に
会えます

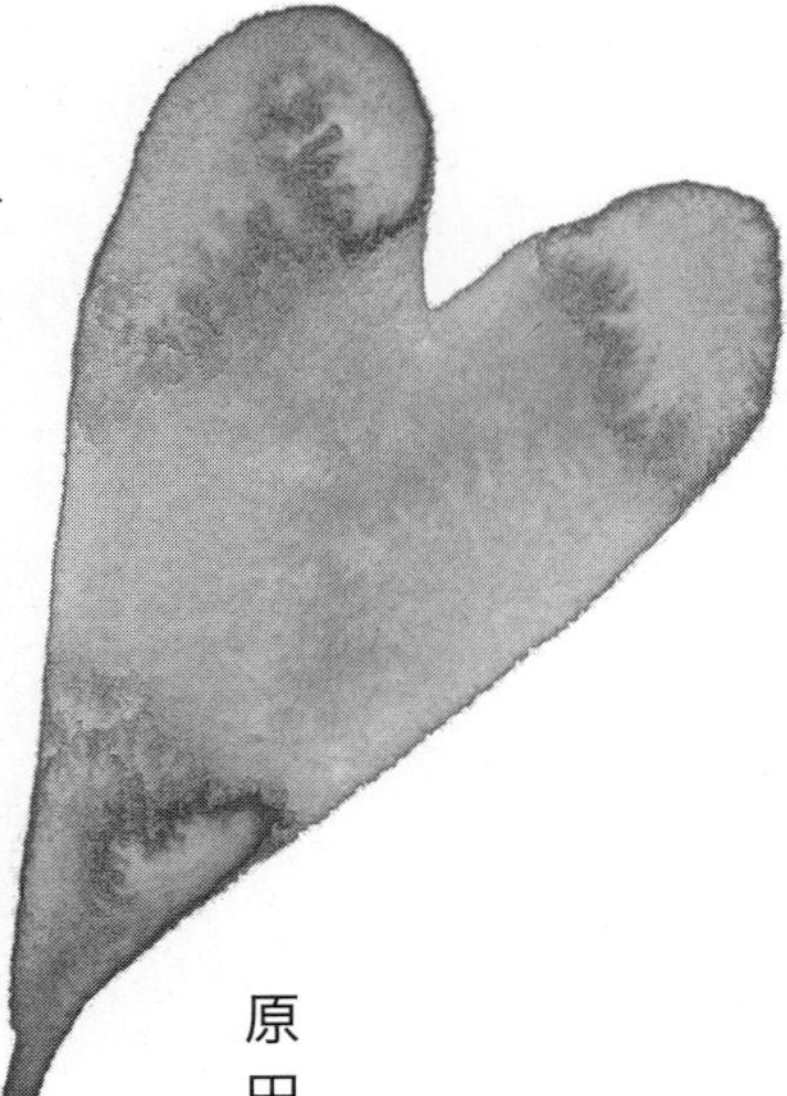

原田真裕美

祥伝社黄金文庫

はじめに

２００１年のある日、「私の子供の父親として最高な人を、人生のパートナーとしてお送りください」と、私はお祈りをしました。すると、その年の12月31日、今の夫が出現しました。今年は出会いがなかったし、このまま寝正月でも……と思っていた矢先です。

お祈りの内容は他には、「私が過去や未来を観《み》るサイキック・カウンセラーであること、自分と絶対に切り離せない精神世界や、好きな音楽やアートのことに理解と興味のある人で、精神的にも、肉体的にも、経済的にも健康で自立した人、そして……」――ここでちょっと考えて、このお祈りじゃ、いいなーと思う人に出会った時に、お祈りのおかげかどうか判断しにくいから、ちょっとユニークなお願いもしてみようと思い――「健康保険のある人！」と最後に付け加えて、お祈りを締めくくりました。

そうしたら天から「この日に連絡がくる」というお告げがきて、本当にその通りになりました。

お金持ちとか、男前とか、そんなことはお祈りに入れませんでした。大事なのは、私がすでに決めた、魂《たましい》重視の生き方を一緒に向上させられる人ということでしたから。

私は長年サイキック・カウンセラーとして、恋愛と結婚に関するあらゆる場面に接してきました。そこでいつも感じるのは、私たちは結局、「魂の安住の地」をずっと探していて、そのために恋愛も結婚もあるということです。

でも、すんなり魂の安まる恋愛や結婚に辿《たど》り着ける人というのは、なかなかいないものなんですよね。

「真の自分を、生きる」という喜びを感じられることが、魂の望む幸せです。そして、その基盤になるのが「魂の結婚」――といったコンセプトで、もっとストレートに魂の安まるパートナーを見つけることはできないものかと、カウンセリングをしながらあれこれ考えました。

そう考えると、自分の魂も安らかでないと、相手の人の魂の安住の地にはなってあげられない。だから時には痛い目に遭い、いらないものを削《けず》り落として、魂を磨き上げるような経験をさせられるのは仕方ないことなのかもしれないと納得したりもするのです。

迷いや失敗も、その人に必要なだけあるのでしょう。しかし、できることならば、真っ直ぐに、魂の安まるパートナー、つまり「自分の片割れ《かたわ》」に、すんなり出会ってもらいたいですし、すでに片割れのいる人には、魂の安らぐ関係を築いてほしいです。

安らかな魂が、安らかな世の中を創るのだと信じて。

そしてこの魂の安らぎは、この世の今を生きる私たちのためのものと信じて。「魂の結婚」をした、「魂の夫婦」が創る、「魂の家族」が人類を救うと信じて。

どんどんみんなが「魂の結婚」をして幸せになってくれますように！と天にお願いしたら、この本が生まれました。

2011年10月

原田真裕美《はらだまゆみ》

もくじ

2章

「魂の結婚」ができる人は知っています
——1年以内に結婚するための11のステップ

3章 「魂のパートナー」と出会える自分になるために
——出会いのためのお祈りと、結婚観、恋愛、過去の浄化をしましょう

4章 相手を見極めるために必要なことがあります
——魂の声を聞きつつ、自分のための理想の結婚をイメージしましょう

5章　「魂のパートナー」を引き寄せる方法
――大切な人と出会える自分になるために

6章 ふたりの愛を育むために

——結婚してからのふたりにとって大切なこと

7章 再婚するために
――本当にこの人と結婚してよかったと言える日のために

本書は、二〇〇七年三月に小社より単行本『あなたは出会うべき人に必ず会えます』として刊行された作品を加筆・修正して文庫化したものです。

ブックデザイン――ヤマシタツトム
装画・本文イラスト――平野瑞恵

1章

私たちは、本当に出会うべき人に必ず会えるのです

――「魂」を磨く結婚をしましょう

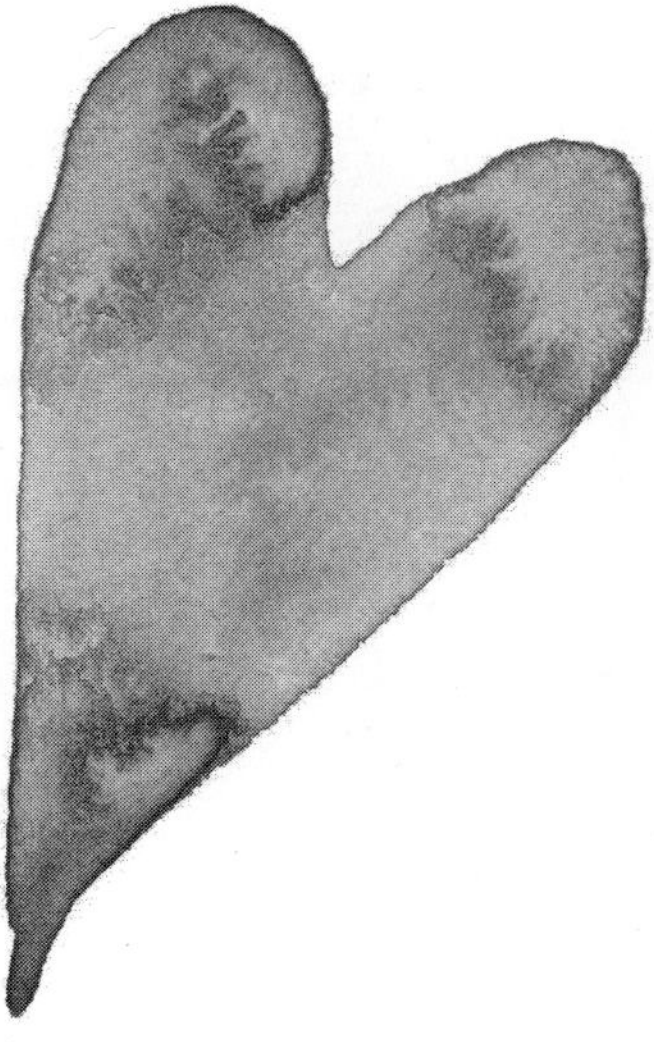

恋愛の役割、結婚の役割

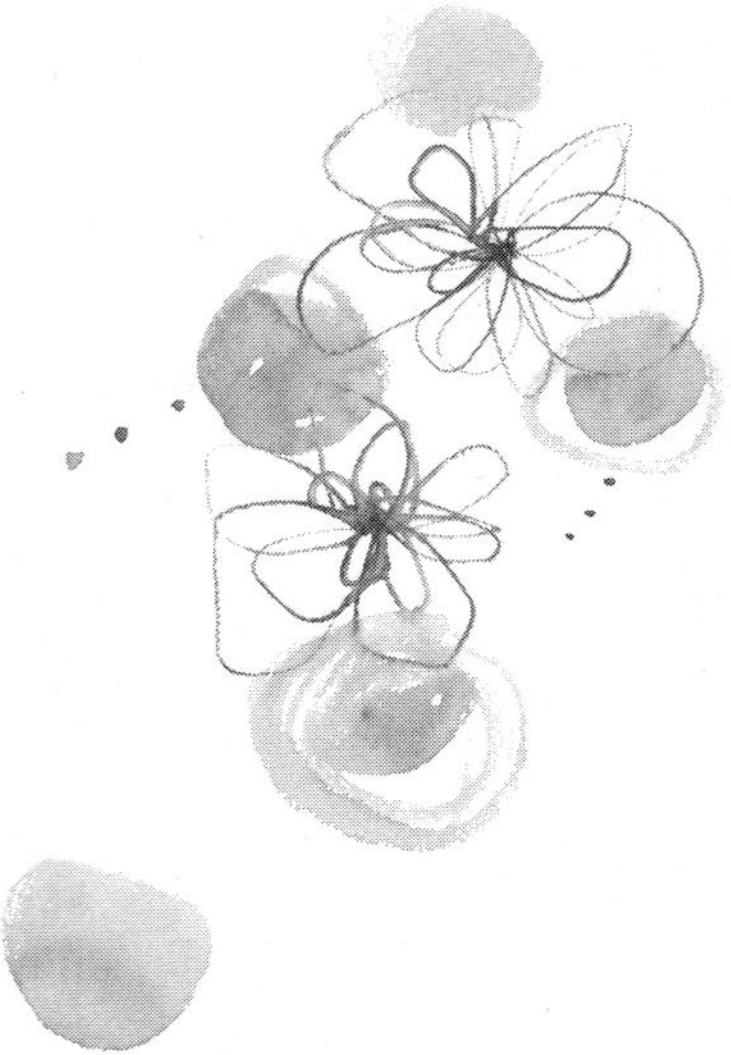

恋愛は自分の片割《かたわ》れ探しの始まり

自分は結婚したいかどうか、まだわからない人でも、恋愛はしたいと思うものです。恋愛に傷ついて疲れ果てている真っ最中の人は、そんな気にもなれないかもしれませんが、自分の生活がぼんやりしてきた時などは特に、「自分の人生にとって革命的な大恋愛」だとか、「自分を魂《たましい》の底から揺《ゆ》さぶるような恋愛」――そんなものがあったら飛び込んでしまいたいと思ったり、自分を夢中にさせてくれる誰かに出会いたい！　なんてことに憧《あこが》れたりすることがあるものです。

でもイザとなると、恋愛するって、とっても勇気がいるんですよね。

恋愛は自分の心を一時的に誰かに預《あず》けてしまうものです。人によっては、自分自身のすべて、生活もお財布も、何もかもを相手に預けてしまうこともあります。

恋は盲目《もうもく》と言われようが、惚《ほ》れた弱みと言われようが、そうすることで、一時的に自分を離脱して「新しい自分」「自分以上の誰か」「憧れの人に認められる自分」になりたいという願望を満《み》たそうとでもするかのように。または、現状から抜け出したいという現実逃避で恋愛に走る人もいます。とにかく今の自分を脱皮して大きく成長したい時に、恋愛したくなる気持ちが強くなりがちです。

ところが、自分の心を預ける相手を間違えて、人の心をどうやって扱ったらいいのかわからない人や、人の心を大切にしない人に、自分の心を明け渡してしまうと、めちゃくちゃな扱いをされて、ズタズタ、ボロボロにされてしまいます。

私たちに必要なのは、一緒に乗り物を操縦して人生の旅をするパートナーです。どちらかが疲れて、ちょっとひと休みしたくなったら、その間ちゃんと舵《かじ》を取って、必ず最初に決めた目的地に一緒に到着できる、安心できるパートナーシップです。

辛い恋愛の意味

確かに、いい恋愛も辛い恋愛も人間を成長させてくれます。後でどんなに「ヘンな奴につかまっちゃったな」と思っても、その人の持つ何かを、その時の自分が必要としていたから、お付き合いするようになったのです。だから恋愛に失敗しても、それは無駄ではないのです。

相手が自分にないものを持ち合わせているのは、自分と全然違うバックグラウンドがあってのことでしょうから、それが原因で自分と全然合わなかったとしても、冷静に考えるとごく当たり前のこととして納得がいきますよね。

私たちが、「ああでもない、こうでもない」「この人じゃない、あの人でもない！」「こんなんじゃない！」と辛い経験を重ねながら恋愛するのは、まずは自分が誰であるかを知って、不完全な自分を完全にしてくれる「自分の片割れ」がどんな人かを知るためなんだと思うのです。

私たちは恋愛に、自分に与えられたもの、与えられなかったもののすべてを要求してしまうものです。親に与えられた愛、親から与えられなかった愛、自分の理想とする愛などのすべてを、恋愛で実現させようとしてしまうのです。そして自分にないものを相手からどんどん吸収しようとします。

恋愛相手は自分の鏡のようなもので、相手に自分を映し出しながら、自分はどういう人間なのか、何を求めていて、何を持っていて、何が足《た》らないのかなどを熟考させられるのです。そして、その鏡そのものが歪《ゆが》んでいることもあります。

ダメな恋愛をしている時は特に、「私のどこがイケナイんだろう？　何が足らないんだろう？」って延々《えんえん》と考えさせられますよね。そして自分に満足していない人ほど、自分とはかけ離れた人に夢中になるものです。そういう自分とかけ離れた憧れのダーリンは、自分を向上させるための教科書みたいなものなんですね。
自分に自信のない人は、どうせ手に入らないような人を好きになってしまう。または、付き合うことになっても、続かない可能性の高い人を好きになってしまうのです。

結婚はそんな恋愛の延長線上にあるのですが、今までの自分という器《うつわ》を、パートナーと一緒に新しい器に置き換えるような作業です。この器は、住む家であったり、環境であったり、お互いとの関わり方であったり、生活スタイルであったり、ふたりを取り巻く人間関係であったり、生活に関わるすべてのことです。

この新しい器の交換は、自分たちの気に入ったものを自分たちで選んで、自分たちの成長と共に、さらに大きく、心地のよい、良質なものにしていくためのものです。器は途中で欠《か》けてしまったり、ヒビが入ったり、壊れてしまったりすることもありますし、だんだん小さくなって窮屈《きゆうくつ》に感じるようになることもあるでしょう。これを修正したり、どんどん新しいものに替えたりするのが結婚という関係です。

ですから、一緒に魂を成長させていけないと、相手の存在に窮屈さを感じて、一緒にいるのが辛くなってくるばかりでなく、その人のせいで自分は成長できないと感じてしまったりします。

そのためにも、自分たちの器を一緒に選ぶ相手はどんな人じゃないとダメなのか、自分に必要ないもの、自分の手に負《お》えない人などを見極めるために、しっかり本気で恋愛してくださいね。

恋愛は上手《うま》くいけばいいってものじゃないですからね。恋愛で苦労したぶん、結婚で上手くやっていくための心構えや知識が持てるでしょうから、恋愛からしっかり学んで、自分の結婚を考えてください。

自覚がなくても、片割れを探しています

ギリシャ神話によると、もともと人間は男女がくっついた形だったと言います。顔がふたつ、手足は4本ずつ。そして生まれてから死ぬまで、いつもお互いという存在があって、常に話し合える相手がいて、生まれた時から生涯のパートナーと共存しているのが当たり前だった。だから「愛」の存在を知る必要もなかったというのです。

ところが、ある日神の怒《いか》りにふれて、ふたつに切り離されてしまい、今の人間の形になった。だから人間は自分の片割れを探している——。ミュージカル「Hedwig and the Angry Inch」の中の「Origin of Love」の歌詞に、そう歌われています。ギリシャ神話の時代、そんなずっと昔から、人は自分の片割れを探しながら生きていることを、自覚してきたということですね。

自分がこうして生まれて存在しているように、この世の中には自分の片割れがきっと存在していて、自分と同じように自分の片割れを必要としているはずです。本気で結婚しようと思った人、本気で「パートナーが欲しい、ひとりでいたくない」と思った人が、その片割れを見つけることができるんだって、単純に考えていいんじゃないでしょうか。
「早く気づいた者勝ち、早く決めた者勝ち」。そんなふうに考えないと、いつまでもグズグズしてしまいそうです。

片割れは、パーフェクトな条件で現われるとは限りません

自分を知って、自分の片割れを見つけるためにも、私たちは紆余曲折《うよきょくせつ》を経験しながら人生の旅をして、自分の本当の幸せや、自分の魂を満たしてくれる人や物事を探し求め、自分の使命や究極の喜び、生き甲斐《がい》について考えるのだと思うのです。

そして結婚が、この人生の旅に大きく影響して軌道《きどう》を創ることも確かです。結婚相手を見つけようとすることそのものが、「自分を知り、それに合った自分の片割れを見つけること」そのものなのだと思います。

なのに、「自分の片割れ」が何だかわからないまま、生活に必要な条件だけで結婚してしまって、「何だか、どうしても満たされない部分があるぞ」なんて感じている人がたくさんいます。

たとえば「条件は一応そろってるんだけど、後は我慢《がまん》かしら」と考える人がいますが、「条件はそろっているから、ここからお互いの片割れとして成長していくには、どうした

らいいか」と考えないと、乗り越えられない壁が出てくると思うのです。

結婚した瞬間から、たとえば独身時代にはなかった問題にぶつかると、「何もかも離婚さえすれば問題は解決する」と考えてしまうことだってあります。


この世に自分自身が存在しているように、自分の片割れとしてピッタリな「素質《そしつ》」を持った人が必ず存在しているはずです。そんな人と力を合わせて生きていけたら、よりバランスの取れた人生になると思うのです。

「お互いに片割れとして完成していく素質を持った者同士が、さらに努力をして、さらに洗練された片割れになっていく」のが結婚という関係と考えるのはいかがでしょうか。


そして、パーフェクトな片割れは、必ずしもパーフェクトな条件で現われるとは限りません。お互いの原型に合わせて調整できるような隙間《すきま》とか余裕があるのが普通じゃないでしょうか。「理想の夫は自分が創り上げる！　彼の理想の妻に自力でなってやる！」くらいの気持ちで、出会いに挑《いど》んでほしいのです。

そのためにも、理想が現実からはるか彼方《かなた》を向いてしまっていないか、チェックする必要もありますね。

完成された片割れを見つけようとしないで、「いい素材」を見つけて片割れに仕立てあげていく。自分も「いい素材」を大切にして、相手の片割れとして完成していく。そんな方法もあることを考えながら、「自分の片割れは絶対存在する!」「いなかったら素材から創る!」と思うところから、スタートしてみませんか。

自分にピッタリ、フィットするセーターを編《あ》むとか、靴を特注するとか、そんな一生ものを手に入れるような気持ちになれたら、何だかワクワクしないでしょうか。

本当に魂レベルのパートナーができると、自分たちの可能性もどんどん広がっていくものです。

あなたの片割れは必ず存在しています!

「魂の結婚」ができるパートナーを見つけましょう

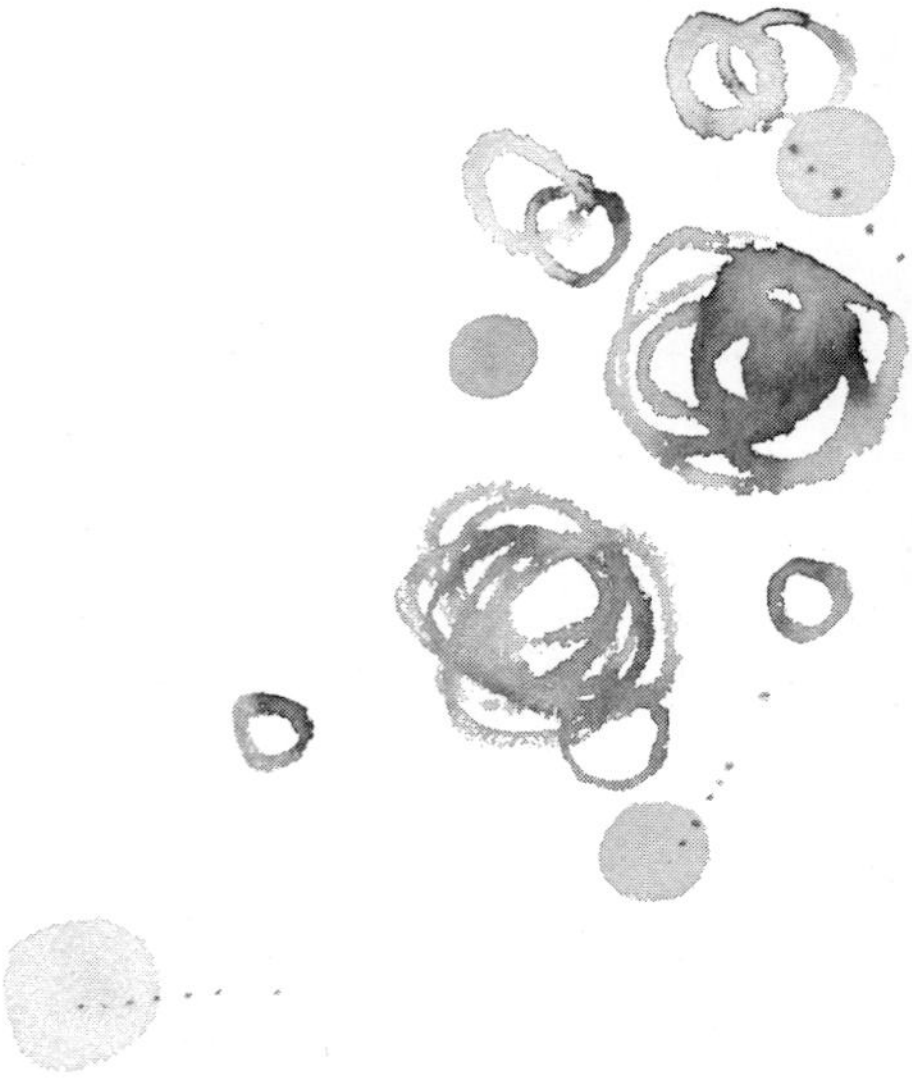

ひとりの幸せという限界

自分ひとりの幸せには限界があります。

いくら「自分ひとりでも幸せ」とか、「自分ひとりのほうが面倒くさくなくていいや」なんて思えても、自分だけの満足感は続かないものなのです。

それに自分ひとりで自分自身を最高に伸ばそうと、あれこれ努力するにも、自分自身という壁を乗り越えるには、自分以外の人の力や影響が、どうしても必要になってきます。自分ひとりで幸せになれる範囲内で満足する人生と、自分ひとりでは絶対に感じられない幸せに満たされる人生、どちらがいいとか悪いとか、その価値判断はしません。ただ、「自分はひとりで生きていくんだ。ひとりでいいんだ」って決めてしまっている人よりも、自分ひとりでは味わえない幸せを感じて生きている人のほうが、はるかに幸せそうです。

私はひとりっ子＋カギっ子という境遇で育ったため、ひとりが当たり前でした。独身の頃は自分が興味のあるものだけにフォーカスして、それをとことん追っていき、時間もお金もそこに費やすことで満たされていました。

でも、「ひとりでいるのが大好き。ひとりでも幸せ」と思っていた頃よりも、こうして結婚して子供を持ち、自分ひとりでは絶対に行かないような場所に行ったり、夫のこぼれ話からインスピレーションをもらったり、子供の視野で物事に接したりする幸せを感じられる今のほうが、ずっと幸せです。

「夫と子供とみんなでひとり」という一体感があるだけで、かなり幸せになれるなんて、独身の頃は想像もできませんでした。

そのうえ、今まで以上に自分の自由になる時間の貴重さも味わえます。

もちろん、夫にも私にも正反対の部分がありますし、夫婦喧嘩もします。

でもいろいろ工夫しながら、「お互いの片割れとして存在し合えてるよね」、そう感じられる時がとても幸せなのです。

これは私と夫の間で、「自分たちにとって幸せとは何か」というコンセプトの基本が一致しているから可能なことで、まずここがズレていたら「お互いの片割れになんかなりたくない！」って思うことでしょう。何かでぶつかるたびに、「こんな相手からさっさと離れて、元の自分に戻りたい！」なんて思ってしまうかもしれませんよね。

自分の魂を磨くために

結婚にもいろいろあって、家庭を築くためとか、愛する人と末永《すえなが》く幸せになるための結婚以外にも、財産を増やし、社会的地位を向上させるための結婚もありますし、ただサバイバルするだけのための結婚もあります。

私がこの本でフォーカスするのは「魂の結婚」。結婚することで、魂的に一緒に成長することができる結婚です。

だからといって、独身の人は幸せにはなれない、なんてことは絶対に言いませんし、聖職者がそうであるように、独身でも魂を磨いていくことはできます。

あえて**「結婚することで魂を磨いていくことを考えてみましょう！」という視点で結婚をとらえると、何が観《み》えてくるか、といったことにフォーカスしたいのです。**

特に、「自分の片割れなんかいないんじゃないか」「自分はこんなんで結婚できるんだろうか」なんて考えている人には、「本当に望めば必ず自分の片割れを見つけられて、魂の結婚をして、幸せになれるはず！　あきらめないで！」と伝えたいのです。

「魂の結婚」の意味

さてここで、「魂」と「魂の結婚」について触れてみようと思います。

「魂の結婚」って、いったいどんな結婚なんだろう？　魂レベルの結びつきとか、魂的に観るとか、それに魂を満たすってどんなことなんだろう？　と思われる人もいるかもしれませんね。

「魂」とは、「自分の根《ね》っこ」とイメージしてください。その自分の根っこの一番純粋な、芯《しん》の部分で結ばれている結婚を「魂の結婚」と考えてください。

科学的には、この世のものすべては生き延《の》びるため、「サバイバル」するためにあって、世の中すべての物事、人々の発想はそのためだけにある、という結論があります。そして、本当にそれだけで生きている人もたくさんいます。

しかし、「サバイバルできればいい」という考えだけで生きていると、「自分が生き延びるためなら何だってやる」「他の人を殺してでも自分が生き延びられたらいい」という考えに結びついてしまう可能性が出てきます。

そして疲れると、「何で生きているんだろう？　何でわざわざサバイバルしているんだろう？」なんて思ってしまうようにもなるのです。

この生き延びたいという欲望、そしてその他のすべての感情は、肉体にくっついているものです。頭で考えられること、心で感じることは、その時に置かれた環境や、体調などの、肉体の状態に大きく左右されますし、体調が悪ければ、悪いことを考えてしまったり、弱気になったりするものです。

これらの肉体の意志とまったく別のところにあるのが、魂の意志です。魂は肉体がどんな環境にあっても、肉体とはまったく違う視点で、自分が生き延びるために必要な糧《かて》を見出すことができます。

魂は、たとえ肉体がなくなっても、他の人や物に宿って存在し続けることができると思います。亡くなった人の魂を、自分の人生を通して開花させてあげることもできるでしょう。魂は本当に自分が求める、自分にとって正しい生き方を判断する生命の知性とも言えます。

たとえば、どんなに生活は安定していても、逃げ出したくなるような結婚生活があるように、肉体が生き延びられる環境と、魂が生き延びられる環境は、必ずしも同じではないのです。


私は、「魂の結婚」以外はすべて「サバイバルの結婚」なんだと考えます。

「肉体のサバイバル」と「魂のサバイバル」

もちろん、結婚が本来サバイバルのためにあるのは確かなのですが、この「サバイバルの結婚」は、「肉体の結婚」で、肉体のサバイバルのためにあります。つまり、自分自身の肉体が生き延びるための結婚です。

「サバイバル婚」は、「一緒に生き延びなきゃ」という目的が失われてしまうと、修復不可能な弱さがあります。

夫婦間が上手くいかなくなったら、他の人とサバイバルすることを考えたり、経済的なサポートだけ要求して、夫の存在そのものは負担に感じてしまったりするようになることもあります。生活はできていても、夫婦や家族としての一体感をまったく感じないのは、魂の関係に問題があるのでしょう。

「魂の結婚」とは、夫婦として一緒にいることによって、いつも自分の一番純粋な根っこの部分に戻れるような関係です。魂は物事の真相を純粋にとらえます。肉体にくっついた、あらゆる感情を超えた、もっと根っこの部分にある判断力が、魂の声の出所です。

お互いの生きる姿を見つめ合えば、そこに「本来あるべき自分の姿」を観ることができる。いろいろ問題が生じたとしても、一番根っこの、純粋に幸せに生きたいという願いや、自分を信じる力、そして自分に正しいこと、そういった自分の原点に立って、いつも自分を修正できる。けっして一時的な物事に振り回されないでいられるように支え合えるのが「魂レベルで結びついた夫婦」だと思うのです。

「魂」は、私たちが持って生まれた生命そのものの知性や知覚とも言える、自分が幸せに生きるために何をするのが一番正しいかを判断してくれます。

もちろん、これもサバイバルのためなのですが、肉体の意志と判断力だけで生き延びていけなくなる時でも、この魂の力でサバイバルしていくことができます。

この魂と肉体の両方のサバイバル能力をバランスよく駆使《くし》して生きていくことが、本当の幸せに結びつくと思うのです。

日常生活は肉体のサバイバルだけに追われがちになります。それに世の中の営《いとな》みのほとんどは、肉体のサバイバルをサポートするものですから、魂のサバイバルのためには、意識して積極的に、自分の魂に必要なものを取り込んでいかないといけないでしょう。

たとえば、魂レベルで観るというのは、肉眼では見えない、自分の魂にとって価値のあるものを観るということです。たとえば「観光」は「光を観る」と書きますが、観光地に行ってそこにある建物や風景などを見る以上に、その場所の光や雰囲気や歴史など、肉眼には見えないことを観《かん》じ取ることで、本当に観光したことになるのです。これが観るということです。

これと同じように、生きていくのに必要な有形の価値だけではなく、無形の価値も重視するのが、魂レベルでの価値判断で、夫婦間の無形の価値を基盤にするのが、「魂レベルでの結婚」つまり「魂婚」ということです。

自分を愛して大切にしてあげることは、私たちの義務です

自分を愛して、大切に、幸せにすることは私たちの義務だと思います。これは自分に対する責任で、自分にしてあげられるせめてものことです。

この世に生きる人々は、みんな平等に物やお金や良い環境が与えられているわけではありませんが、自力で幸せを感じる能力は誰にでも与えられています。

だから、自分の幸せのために結婚したいと思うのに、なぜか億劫《おっくう》になってしまったり、「結婚という幸せはないんじゃないか」なんて感じてしまっている人がいたら、そうではなくて、「愛する自分のために、自分に合った、自分の魂のための結婚をしよう！」と思い直してもらいたいのです。

「自分の魂のための結婚」と考えると、結婚に対するイメージや、理想の結婚相手像が今

までと変わってくるところがありませんか？　「自分の魂を磨くための結婚」と考えると、新しい視野が広がってこないでしょうか？　そのための片割れを見つけると考えたら、人を観る視点が定まってきませんか？

これだけでも、ググッと大幅に魂の片割れ、自分の片割れの存在に近づいていると思います。そう信じて、自分の片割れ探しを続けてみてください！

また、パートナーが同性の場合も同じように、結婚という法律上の約束事ができなくても、お互いを一生支え合う、「魂の結婚」をされることをお勧めします。

子供を持つことを希望していないカップルも同じように、安心して一緒に末永く幸せになれるパートナーを探しているのだと思います。

魂の結婚相手に出会う近道

一緒にいて幸せとか、安心とか、とても愛しているからとか、生活のペースが合っているとか、そういう理由だけでも、十分結婚に踏み切れるものですし、相手を愛していると思うからこそ、いろんなズレを乗り越えようとするのが結婚生活というものです。

しかし、しばらくはそれでやっていけても、夫婦が魂レベルで満たされていないと、月日が経《た》つにつれてだんだん歯車が合わなくなって、「どうしても埋《う》められないズレを感じてきた」と煮詰《につ》まってしまうものだと思うのです。


たとえば愛情表現が下手《へた》とか、愛情を感じなくなってしまったとか、スキンシップがないとか、感覚が合わないなど、長年寄り添《そ》ううちに、お互いの違いや相手に対する期待と現実のズレが露《あらわ》になってきます。

それを修正して乗り越えなければいけない時に、魂で結びついている確信がないと、「この人に合わせる努力なんかしても無駄かも」なんて思ってしまうでしょう。

それに何かが上手くいかないと、つい結婚のせいにしてしまうかもしれません。

魂の結びつきがあれば、物事が上手くいかなくなっても、結婚という関係を守ることを最優先できるのに、魂の結びつきのない関係では、自分の魂の行き場がなくなって、自分の魂の帰る場所、落ち着く場所がなくなってしまったかのように感じてしまうのです。

自分に愛する人がいること、そしてその人に愛されていると実感できること、それだけで生きる希望が持てて、「何でも一緒に乗り越えていこう！」といつも前向きに思える、そんな関係を自分たちの生涯の土台にしよう、と約束するのが「魂の結婚」です。

魂レベルで結びつきを感じても、いろんな悪条件が重なって一緒になれないケースもあります。魂レベルで結びついていれば必ずしも結婚できるというわけでもありませんし、魂レベルの結びつきは、結婚という関係じゃなくても成り立ちます。実際のところ、魂の結びつきはなくても、経済的な理由で結婚が成り立っているケースは多いのです。

だから**結婚に抵抗がある人はなおさら、魂のための結婚を最初から狙《ねら》ってほしいと思います。**「そんな魂の分身、自分の片割れみたいな人を探してちゃ、いつまでたっても結婚できないよー」なんて思う人もいるかもしれませんが、**他のものはいったん捨てて、「自分の魂そのまま」が伝わるような自分になれれば、思ったよりも早く「魂の結婚相手」に出会えると思うのです。**

「魂そのまま」の自分が伝わるようになるには、まずは自分の毎日の生活の中で、物質的な価値判断は後回し、または必要最小限にして、**魂的な価値を優先して、便宜《べんぎ》上の付き合いよりも、自分の魂を満たしてくれる人との出会いやお付き合いなどを積極的に求めてください。**

私はそれが幸せな結婚への一番の近道だと思います。

「魂の自由」は何よりの贅沢《ぜいたく》

玉の輿《こし》やセレブな結婚に憧れる人は後を絶《た》ちませんし、お金持ちはさらにお金持ちと結婚し、無名な人が有名人と結婚して有名になる。そんな、ステータスの階段を登っていくための結婚を積極的に望む人もいます。

しかし私は、何よりの贅沢は「魂の自由」だと思うのです。「魂の安定と自由」が得られる結婚をすれば、生活の安定だってついてくると思うのです。

恋愛相手と結婚相手の見極め方の違い

恋愛相手と結婚相手では、優先するポイントも、付き合い方も、見切りの付け方も、全然違ってきます。

恋愛は「相手に対する自分の気持ち」が最優先ですべてが決まってくること、そして精神的に激動しても、それはそれで刺激的でよしと思えるところがあります。

しかし結婚は一緒に生きていく安心感が最優先されるべきでしょう。

恋愛では、相手に対する気持ちが冷《さ》めてしまったり、「この人じゃないかも」なんて思ったり、または他に好きな人ができたら終わりになってしまいますが、結婚は「何でこんな人と結婚しちゃったんだろう?」なんて思うことがあったとしても、自分が選んだひとりの人を愛し続けるための努力を続けていくものです。

繰り返し相手のいいところを見直し、さらにそれを引き出せる工夫をするとか、そういうことそのものに幸せを感じないと続きません。

そして、どんなに好きな相手でも、一緒に暮らせないようじゃダメです。どんなに相手を尊敬できても、自分を抑制《よくせい》したり、コントロールされるようでは続かないでしょう。お互いの気持ちを考えないで好き放題して、自由ばかりを尊重した関係も、結婚には向きません。

そして、夫婦がお互い競争心をむき出しにするようでは、最終的にはお互いを殺し合ってしまいます。

結婚する相手と、自分を活《い》かしながら共存できるかどうかは、とても大切です。恋愛ならば、ドキドキ、ハラハラしながらでも付き合っていけて、そのスリルがなくなるとダメになってしまうケースがありますが、このスリルというのは肉体の感覚で、魂の結びつきではないのです。

恋愛は、何回失敗しても、次の恋愛の肥《こ》やしにすればいいですが、いったん結婚すると、そう簡単に離婚できないことが多いですし、それまでふたりで共有していたものを失ってしまうことになるので、ダメージが大きいです。

恋愛がダメになった場合は、とりあえず元の自分に戻ればいいわけですが、結婚の場合は、相手と共存するために、「元の自分」という原型も変わってしまっているのです。

条件より、ピッタリ合う「素材系」の人を見つけましょう

結婚したい人は、恋愛相手を選ぶような感覚で相手を探してはいけません。興味本位は絶対にダメです。

たまにしか履かないハイヒールみたいな靴を見つけるんじゃなくて、毎日ずーっと履いても、自分の素足の感覚を失わないような、そんな自分の足にピタッとフィットする素材とデザインの靴を見つける感じです。

全然見つからない場合は、**「自分で素材を手に入れて、自分で創る！」くらいのつもりでいたほうがいいでしょう。**基本的に、とってもいい人と言える、「素材そのまま」みたいな人は、けっこういっぱいいますから。

素材を選ぶ結婚は、「自分が理想とする原型」みたいな人を選ぶといいと思います。考

え方や理想に共通点があって、「この人と一緒にいれば、自分はズレることがないだろう」と思えるような、理想を叶《かな》える行動力のある相手を見つけてください。

自分は、人生のクリエイターとしてディレクションをしていきたいタイプか、それともサポートする側にまわりたいのか、そんなことも考えておいたほうがいいですね。もちろんこれは、パートナーの素質や、その時々の状況によって、どちら側にまわるかが決まってくるでしょうけれど。

とにかく、未来のビジョンについて、相手とコミュニケーションがしっかり取れていることが大切です。

お料理と一緒で、素材が良ければすべてよし！　その素材をダメにしてしまうようなことさえしなければ、上手くいくはずなのです。

とにかく結婚相手を探すなら、「恋愛したい人」じゃなくて、「結婚したい人」、幸せな家庭を持つというビジョンが未来にすぅーっと伸びている人です。そうでない人は、どんどんパスしてください。

ちょっと関わってダメになっても、クヨクヨしない。「焦《あせ》って失敗しなくてよかった、ラッキー!」くらいに考えて、さっさと前を見て、「次こそは本命!!」と、キリッとしたスタートを切り直しましょう。あなたに必要なのは「本命の素材の人」ですから。

私たちは、癒《いや》し癒されるために存在しているのです

結婚から始める「魂エコロジー」

私は、人は癒されるためにこの世に生まれてきていると思うのです。輪廻転生《りんねてんしょう》を信じるとか信じないとかには関係なく、単純にもし自分が傷ついた魂で人生を終えなきゃいけないことになったら、「もう一度生まれてきて幸せになってやる！」と思っても不思議じゃないでしょう。

生活そのものを、「自分を癒し、周囲の人を癒し、そしてお互いに癒され合うために営《いとな》むもの」というふうに、ヒーリングすることを基本にして考えると、そのために何をするのが一番いいのか明確になります。そんな生活はどんどん幸運を生んでいくと思うのです。そんなふうに結婚も、癒し癒されるためのものであるべきだと思います。

人を癒し、人に癒された時の、魂にしみわたるような爽快《そうかい》さや安堵《あんど》感は、最高です。本当に癒されたかったら、他の人の魂を癒すことです。それだけで自分の魂も癒されます。自分がやったことで他の人に喜んでもらえたり、幸せになってもらえたりする時に、一緒になって喜べる瞬間って、とっても幸せですよね。

結婚は家族の始まりで、この家族がいずれ社会を創っていくのです。自分が選ぶ自分の結婚生活を、殺伐《さつばつ》とした家族や社会の始まりにはしたくないですよね。

自分が幸せになるための結婚が、癒し癒される家族を営み、癒し癒される社会を創っていく。そんな魂的な結婚をして、魂的な家庭を育《はぐく》んでもらいたいです。

こういうことを私は「魂エコロジー」のように考えています。

「世の中そんなふうにはなってないよ、そんなのきれいごとだよ」なんて思う人もいるかもしれませんが、「社会」と考えると枠《わく》が大きすぎても、自分の結婚生活の中での癒し癒されることの大切さなら納得できるのではないでしょうか。

実際、家庭内が殺伐とした社会の縮小版みたいになっているケースはありますが、殺伐とした家庭の中で育った人ほど、それを次の世代まで持ち越さないようにするのが、自分の役目だと思うのです。

人の役に立ちたいとか、使命を見つけたいと思ったら、まずは自分のできることで、他の人を癒せることって何だろう？って考えるのが一番です。

職場でも、自分が関係する人々の間で、癒し合うエネルギーが循環《じゅんかん》されていないと、そこにいるだけで苦しくなるような、悪い雰囲気になってしまいます。

とはいえ、仕事となると、それを我慢して毎日を過ごさないといけないこともあるかもしれません。

でも、家に帰りさえすれば家族の愛情で癒される、そんな家庭を持つために結婚する。ハッピーな家庭を創るにも、女性の影響力は絶大です。ハッピーな女性が「魂エコ」な家庭、社会、さらには地球を創っていくと考えると、やっぱり世の中を明るくするには、妻やお母さんとなる女性たちの魂が満たされていることが大切だと感じます。

「幸運」は偶然ではありません

結婚して幸せになることを、「そういうラッキーな運の人もいれば、そうでない人もいる」「結婚できる運命の人もいれば、できない運命の人もいる」などと、いい結婚相手を見つけることも、幸せな結婚をすることも、まるで天のクジ引きみたいに思って、おまけに「自分はいつもツイてないほう」なんて消極的に考えている人がたくさんいます。

でも、結婚はそうやって偶然に与えられるものではなくて、自分にとって「いい結婚相手」「幸せな結婚」とは何なのかを知って、それらを見極めて選ぶもの、「自分のための自分に合った結婚」という幸運の基盤を、自分で創り上げていくのだと考えたほうがいいと思うのです。

もちろん、結婚というシステムに向く人と向かない人がいるのは確かですが、後で結婚しなかったことを後悔したり、結婚しなかったことが自分の気持ちに影を落とすかもしれないと感じるなら、「自分に合った結婚をするぞ！」と決意するべきでしょう。

いつも言いますが、**「運命は強い意志には勝てません！」**。

偶然が起こるにしても、自分の行動や環境などが、あるタイミングで一致して物事が起こるのですから、自分が動かなければ、偶然も起こらないわけです。

すべての物事は、まず自分の意志と行動があって起こっていると考えて、自分以外の力のせいにばかりはしない、最悪な恋愛や縁談、結婚にぶつかっても、自分を責めたり、その原因を責めたりしないで、起こった状況の中から自分にとってプラスになる意味のあることを学んでいきましょう。

さてここで質問です。あなたには、自分の理想の結婚相手のイメージができあがっているでしょうか？　そして、その人が現われたら、その人のすべてを受け入れることが、今の自分にできるでしょうか。

結婚は、お互いに全部受け入れたうえで、嫌《いや》な部分は一緒になって改善していく、またはあまり改善されなくても、寛容《かんよう》に受け入れ合わないといけないのです。

「憧れの人」と「生涯のパートナー」は別であることが多いのです

たとえば「憧れの人」と「一緒に生きていけるパートナー」はまったく別なことがありますし、それでいいと思うのです。人は、棲《す》んでいる世界が違う人に憧れるものですから。しかし、実生活を共にするのは、まったく別の話です。私生活を支え合う関係の中で、お互いの極端に違う部分を讃《たた》えることは大切ですが、だからといって、ただ「素敵！」なんて言っていられないのです。

自分の中のルーツやルールが極端に違う人と結婚して、そのギャップを我慢するにも限界があります。一緒にふたりのルールを創っていけるようでないと、いくら好きだからといって相手の世界に飛び込んでも、自分が自分でいられなくなるようでは、不幸になってしまいます。

一番理想的なのは、相手の世界に自分の世界がそのまま共存できることです。たとえば職種が違ったとしても、価値観が同じならいいわけです。

とにかく結婚生活の中で、自分の魂が観えなくなってしまったり、自分がなくなってしまうようでは辛いですよね。

魂の結びつきを重視した結婚、自分が自分でいられて、さらに伸びていける結婚というのは、「運が良ければたまたまそういう人に出会える」というのではなくて、自分がそういう人を見極めてつかまえるものだと思います。

もちろん「運気」の存在や、その影響力の絶大さはわかりますが、結婚を運まかせにするべきではなくて、結婚相手はあくまでも、自分で見極めて選ぶものであるべきです。

後は一緒にいい運に乗っていけるように努力をして、相手の運が上がれば、自分も一緒に上がって、どちらかの運が下がったら、もう一方が支えてあげて、一緒に運気が低下しても、じっと耐《た》えて一緒に運が上がるのを待てる一体感があってこそ、パートナーとして安心していられるのだと思うのです。

そんな人を見つけないと、自分の運気が上がっている時は足をひっぱられ、相手の運気が上がっている時は、好き勝手にされたり、当たり前のように取り残されたりすることになるのです。

結婚で人生をやり直すこともできます

多くの人が結婚相手を見つけた瞬間に、「この人だ！」とわかったと言います。これは自分の人生に、パートナーを受け入れる準備と覚悟が十分できていたから、ピン！ときたのだと思います。覚悟ができていたから、瞬時に、その人を受け入れる態勢になれたということですね。

どんないい人に出会っても、自分が相手を受け入れる覚悟ができていないと、せっかくのチャンスを見逃してしまいます。

まずは「自分は幸せな結婚をするんだ」と思うこと。それを「自分で実現する」と、自分に約束すること。そして「それが可能だ」と自分を信じること。そこから始めてみましょう。

誰もが結婚するべきだと言っているのではなくて、結婚して幸せになれる可能性を大切にしてほしいのです。結婚したからこそ人間として大きく成長できることとか、自分ひとりでは得られない幸せや、可能性を経験することの素晴らしさを、自分からあきらめてしまわないでほしいと強く思うのです。

自分の魂を満たすための結婚をしようと考えると、いろんな雑念が取り除かれて、「自分の魂を満たす人って、こんな人かな」ってイメージが湧《わ》いてきませんか。すると自分を束縛《そくばく》する結婚というイメージが、自分を解放する結婚というイメージに変わっていかないでしょうか。

結婚という、新しい自分のルーツとルールを設定して、自分の人生を一《いち》から、思い通りにやり直すことだってできるのです。自分のルーツやカルマを浄化して、思い通りの理想の家庭を育んでいくことだって可能なのです。そんなふうに、私は、結婚は自分の幸せのための種《たね》まきなのだと思っています。

私は親になってからさらに、愛する家族のために、自ら幸運を生み出していくために工夫をすることの大切さを感じるようになりました。

2章

「魂の結婚」ができる人は知っています

——1年以内に結婚するための11のステップ

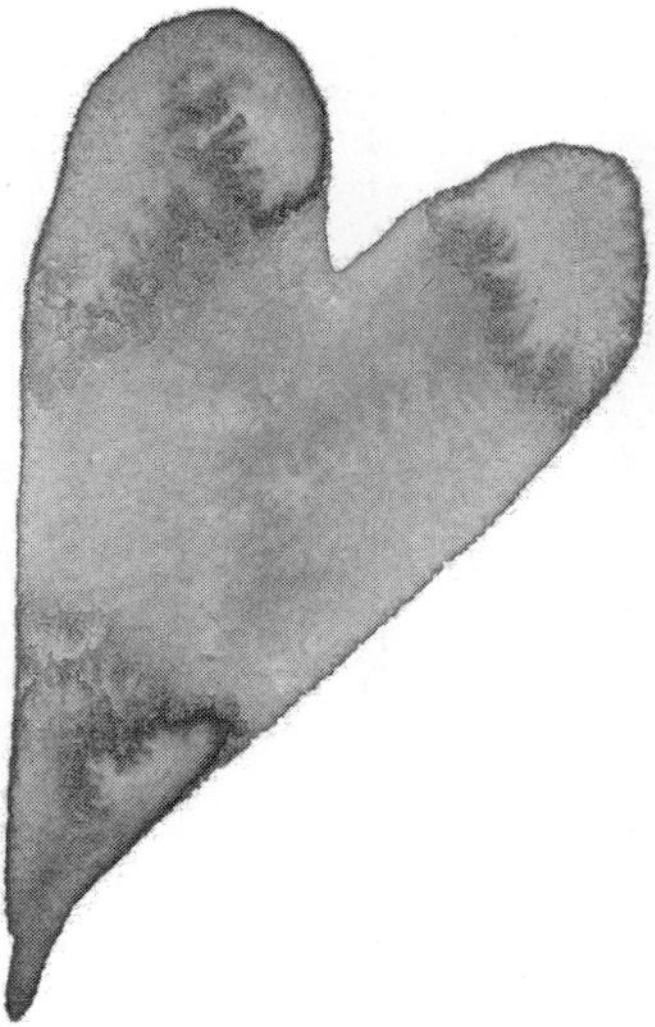

結婚できない理由

結婚への焦《あせ》りはありますか？

まだ結婚していない女性、あるいはパートナーがいない女性は、「私は結婚できるんだろうか？」「いつ結婚できるのかしら？」「このままずっとひとりでいるのかしら？」「自分は結婚しないんじゃないだろうか」「自分は結婚したくないのかも」ということを、結婚するまで延々《えんえん》と考えるみたいです。強い結婚願望がある人も、それほど結婚したいと思っていない人も、同じようにです。

私自身の体験では、物心ついた時から「いつかお嫁さんになる」ということが、「女としての大きな目標」として、どこかにインプットされていました。自分が結婚したいかどうかとか、結婚に対してどう考えているかなんてことは関係なしにです。

それも「お嫁さんになれば、永遠に幸せになる保証付き」というイメージで。

純白で華《はな》やかな花嫁衣装を見かけては、「大きくなったら、お嫁さんになるんだ」とか、「まあ、お料理が上手ね、いいお嫁さんになれるわね」などと言われて、「大人になったらお嫁さんになるものだ」「結婚するものだ」と漠然《ばくぜん》とながら、当然のことと思い込んで育ちました。

そのわりには結婚とはどういうものか、自分にとって結婚とはどうあるべきか、なんていうことは教えられることも、深く考えるチャンスもないまま、気がついたら結婚できる年齢になっていたのです。

そして、いざ現実的に結婚を考えると、じつは「お嫁さん」とか「結婚」といっても、その背景にはいろいろあって、そんな簡単に結婚できるものじゃない、するものじゃない、結婚さえすれば幸せになれるというわけではないと感じるようになりました。
実際のところ、結婚して幸せになっている人よりも、結婚に失敗して不幸になっている人の話ばかりが入ってきやすいですし、結婚の深層には、複雑で面倒くさい問題が絡《から》んでいる事実を目《ま》の当たりにします。

それに、どんなに自分が結婚目的で恋愛しようとしたところで、世の中の男性の大半は恋愛はしたくても、夫になる準備なんか全然できてなかったりするのです。

「結婚＝永遠の愛」

こんなふうに言うとナイーブなようですが、「結婚＝永遠の愛」と信じられないようでは、結婚する気になんてなれないというのが私たちの原点だと思うのです。基本的には、みんな永遠の愛を探していると思うのです。なのに実際は、この「永遠の愛」をいきなり求めると、相手に逃げられたりします。

それで惚《ほ》れた弱みで仕方なく「友だち以上、恋人未満」なんていう中途半端なステータスを認めたり、「君とは結婚したくないけど、付き合うのは楽しい。結婚する人はまた別」なんて言われても、そういうのもアリにしてしまったりする人もいます。

そんな将来性のない関係を、不本意とはいえ繰り返すと、「自分は結婚できない運命にあるんだ」とか、「異性運が悪いんだ」なんて思い始めるのです。「ご先祖さまに結婚できなかった人がいて、それをひきずっている」「女系家族で婿《むこ》運が悪い」みたいな不吉な話をそのまま信じ込む心境に追い込まれてしまう人の気持ちはよくわかります。

そして「このままずーっと、ひとりなのかも……」なんて、ひとりぼっちの余生を送ることを想像しては、あきらめと不安の混じった気持ちを抱《かか》え込んで、さらに「ひとりでも幸せだもん」と、開き直ってしまう。

でもそんなふうに、結婚を運まかせにする前に、考えてみましょう。そんな運の流れを創ったのは自分なんですよね。その流れに自分から乗っかっているのです。嫌《いや》なら、その**流れを自分で変えればいいのです。状況が変わらなければ、自分が変わるのが一番です。**

すると物事は解決するのです。

自分は本当に結婚する準備ができているのでしょうか。

まずは自分の中にある「結婚できない理由」、結婚や異性に対するすべての「ネガティブな感情」を一掃《いっそう》するところから始めましょう。

人間の求める「永遠の愛」というのは、どんな愛かというと、親が子供に抱《いだ》くような無償で不変の愛です。この「永遠の愛」を親からもらえなかったと感じる人は、これまた問題ありです。「永遠の愛不信症」になっているかもしれませんから。

とりあえず人間が想像する、永遠の愛のイメージの源《みなもと》は、男性はお母さんがくれた愛、女性はお父さんがくれた愛です。この原本のイメージが歪《ゆが》んでいると、恋愛や結婚にも歪みが出てくる可能性があるので、この歪みを修正して、スタートを切り直すことが、とっても大事なんです。

「異性運が悪い」から結婚できないのでしょうか？

結婚できないと言う人は、出会いがないとか、お金がないとか、いろいろ理由づけしますが、基本的に「自信のなさ」が原因だと思うのです。

または、独身生活が好きなので結婚しない人もいます。どちらにせよ、結婚できない理由は「自分が結婚しようと決意してないから」です。

「私がもっときれいだったら結婚できるはず」とか、「俺にもっと金があったら結婚できるはず」という人もいますが、実際にはそんなことは関係ありません。

もてる女性が必ずしもゴージャスな美人とは限りませんし、末永《すえなが》く続く幸せな結婚というのは、美貌《びぼう》やお金で手に入れられるものではありませんから。結婚を永遠のものにする**魂《たましい》の絆《きずな》は、美貌やお金でつなぎとめられるものではありませんからね。**

たとえば、「異性運が悪い」とか、「結婚できない」というのは、自分で変えられることです。

自分自身に対する物足《ものた》りなさを満《み》たすために、自分の手に負《お》えないような、自分に合わないタイプの人を追いかけたりして、うまくいかなくて、「自分には恋愛運がない」なんて言わないでください。

「結婚したい！」と切望するのと、本当に結婚するための心構えをするのは、また別のことです。「結婚したい！」というアイデアに舞い上がっているだけで、じつは結婚する心構えなんて全然できてない人がいっぱいいます。「恋愛したい！」というアイデアに舞い上がりすぎて、ちゃんと誰かと付き合うところまでいかない人も、いっぱいいますから。

男性が「結婚できない」と思う理由

結婚できない理由は、男女対照的な感じを受けます。女性が、魅力がないとか、運の悪さなどのせいと考えて、自分を責めがちなのに対し、男性は、自分が結婚できない、またはしないのは、およそ物理的な理由が主みたいです。

貯金がないとか、仕事が安定していないとか、仕事で忙しいからとか、または拘束《こうそく》されずに独身生活を楽しみたいからとか。そして、「自分はとりあえず今は結婚しない」けれど、「自分さえその気になれば結婚できる」と、どこかに確信を持っている人がけっこういます。

確かに、男性も女性もある程度の経済力があれば、容姿、年齢、性格はどうであれ、結婚相手を見つけることは、そんなに難しいことではなかったりするのです。でもこれは、サバイバル婚です。

男性が「結婚できない」と考える時の決定的な理由――「お金がないから」と「自由がなくなるから」が圧倒的に多いのは、結婚すると、経済的責任を男性が背負わないといけない、という潜在意識が根付いているからでしょうか。「経済的に安定できないと結婚できない」と考えたり、「お金は、自分のために遣《つか》いたい」といった理由で、結婚を先延《の》ばしにしようとする人もいます。

「自由がなくなるから」と考える人は、コミュニケーションを取るのが下手《へた》だからか、「振り回される関係」を恐《おそ》れているのです。母親との関係が影響して、女性の言うことを聞かないといけない、みたいな先入観にとらわれている人もいます。

結婚に抵抗のある男性にしてみれば、結婚しなくても付き合っていける彼女がいたら、それが一番いいわけです。でも、結婚したい女性側にしてみたら、そんな関係をズルズル引きずられるのは嫌ですよね。

結婚したら男性が責任を取らないといけないというプレッシャーや責任感に足止めをくらうなら、自分より経済的にも精神的にも安定した女性を頼って結婚したり、経済的なことは、各自が責任を持つということを原則に結婚するのが、自分に合っているんだということにしていいと思うのです。でもそれではプライドやエゴが許さない人もいます。

男性が結婚を先延ばしにする理由として、もっと自由に遊んでいたいとか、束縛《そくばく》されたくないとか、いろんな人とのデートを楽しみたいとか、いろいろありますが、そんな自分を「結婚できない男である」と断言してしまう人は、自己中心的な自分を公私共に認めさせるために言っているようなものですから、やはり結婚には向いていないでしょう。

もし真剣に、「僕は女性運が本当に悪くて、結婚できない運の男なんだと思う」なんて言ってる男性がいたら、そんな人は本当に真面目《まじめ》で純粋で、旦那様にもってこいの人かもしれないですね。

なぜ、「結婚したい！」と思う人に出会えないのでしょう

「結婚できないかも」とか、「恋愛不信」と感じる人の人口が増え続けていたとしても、基本的には女性は結婚したいもの、または結婚と同じような、信頼できる関係を望んでいるというのが私の印象です。

女性は子供を産む能力を持って生まれてきていますから、本能的にもそう感じるのではないでしょうか。結婚したくないと感じる女性は、何かの理由でその本能的な部分が崩壊してしまったのでしょうか。結婚したくない、子供は欲しくない、と感じることが悪いこととは言いません。後悔しないことが大切なのです。

結婚したくないわけではなくて、ただ「結婚したい！」と思わせてくれる人に出会えて

ない、だから「結婚できないかも」と思ってしまう、という場合もあります。

これについては、1章でも少し書きましたが、「結婚相手にふさわしい相手は、自分が愛情を込めて創っていくもの」と考えたほうがよさそうです。

素質《そしつ》の良い人を見つけて、理想の片割《かたわ》れに育てていくつもりで、男性を見極めることが大切で、何もかも条件のそろっている人を最初から探そうとしても、成功率が上がらないと思うのです。


どんな人に出会っても、「この人は何か違うかも」と感じる部分があって自然だと思うのです。お互いの片割れになっていくために調節できる隙間《すきま》が必要で、そこをピッタリになるように埋《う》めていく作業が、結婚の関係でもありますから。それに、削《けず》る作業よりも、足していく作業のほうが簡単です。

だから、何か物足りないと感じるくらいでも、ピッタリ合う部分が強ければ、後は足していけばいいのです。

ピッタリ合う部分が多いのに、「他はいいんだけど、ここだけが耐《た》えられない！」という理由で、結局別れてしまう人も多いですから。

運が悪いと思い込まないように。すべては「選択」なのですから

たとえば長年付き合った彼女と別れた直後に、新しく出会った人と、そのまますぐに結婚してしまった男性がいたとします。前の彼女にしてみれば、「いったい何なの？」って感じでしょう。

男性側が結婚を望んでいたのに、女性側がどうも結婚に踏《ふ》み込めなくて別れてしまった場合は、文句も言えないでしょうが、男性側が結婚を拒《こば》んだから別れたのに、その直後にさっさと他の人を見つけて結婚されてしまった場合は、傷つくなんてもんじゃありません。

相手は何か自分よりいい条件の持ち主ってことに違いないと、憶測《おくそく》して悔《くや》しい思いをするかもしれませんが、ここで自分は、異性運がないんだと思わないで、サバイバル婚を避《さ》けられたと考えましょう。

どんな場合でも、結局別れた人とは、結婚しなくて正解だったのです。その人と結婚していたら自分に降りかかっていたかもしれない様々な問題から救われたと思って感謝してください。天の指示だと思って開き直りましょう。

そして「自分の選択」について考えてください。まだまだパートナー選びに関して、自分がわかってないこと、観えてないことが、たくさんあるってことです。相手ばかり観ていて、自分を観てないこともあるでしょう。必然の破局だったはずなのです。

一般的には、男性は本当に必要な時に結婚するもの、女性は結婚する必要がなくても、結婚したいもの、というのが私の持っている印象です。

「結婚できない」「異性運が悪い」と感じるのは、基本的には「自分の選択が悪い」、そして「結婚する決意がない」からです。だから、今まで結婚できていない人も、今後、相手の選択さえ正しくすれば、結婚できます。どうして間違った選択をするかというと、本当に自分に合う相手が、自分でよくわかっていないからでしょう。

繰り返しますが、パーフェクトな相手が、必ずしもパーフェクトな条件で現われるとは限りません。いくら相手がパーフェクトでも、出会う時の状況はいろいろです。ですから、恋愛という試行錯誤《しこうさくご》を繰り返しながら、自分にとって本当に必要な生涯のパートナーとはどういう人なのか追求するしかありません。

もちろん、そんなことも知らないまま、大恋愛して結婚して最高の結婚生活を送られている方がいらっしゃることも確かですけれど。

サイキック・カウンセリング

私はこれまで、多くの方のサイキック・リーディングのセッションをしてきました。結婚に関しての相談は、絶対外《はず》せないもののひとつです。

私がサイキック・カウンセリングを行なう際は、最初はほとんど何もうかがいません。お名前と住所などをノートに記入していただきますが、それは記録のためだけで、それもいらないくらいです。

基本的に目の前に座っていただくだけなのですが、その必要すらないのです。電話でも、私の目の前にいらっしゃらない方でも、知人やそのまた知人でも、あるいは故人のことでも、サイキック・リーディングを通せば観ることができるのです。

問題はカウンセリングを受ける側です。名前も何の目印もなく物事の説明をされても、いったい何のことなのか、誰のことなのかわかりませんし、複数の人のことを言われて混乱する場合もあります。だからお名前やイニシャルなど、識別のために設定させていただくのです。

ですから名前だって偽名でも芸名でもかまわないですし、その場合は本名ではなさそうだ、ということも観えます。不思議ですよね。私はこの体験から、「魂そのものを観る」とはどういうことか、実感したのです。

何を悩んでいるかも聞かないで、その人の問題として浮かんでくることを先に引き出してから、ご自身が一番聞きたいことを質問してもらいます。でないと、質問したいけど怖い、みたいな心境では、出てきた答えすら受け入れられないこともあるからです。

まず過去のこれまでの人生の流れを観て、キーになる出来事を観ます。そこで、だいたい当たっているかどうか確認することで、基本的に「当たってる」ということを認識してもらってから、本題のリーディングに入ります。この信頼関係がないと、せっかくのセッションも無駄になりますから。

こういったインフォメーションはイメージで表われてきます。たとえば窓の外の景色を見ながら、その状況を説明するような感じです。臭いや質感、味覚などの五感で感じることもあります。

たとえば「リンゴを想像してください」と言われたら、自分の脳裏にリンゴのイメージが浮かんできますよね。どんな味ですか、食べた感じはどうですか、と聞かれたら、味や食感もイメージできる。この場合は以前食べたリンゴの記憶を思い出していることが多いのでしょうが、サイキック・リーディングの場合は、前例がなくてもなぜか伝わってくるのです。時間も空間も関係なく、何年も前のことや、何年も先のことが。

本当に不思議ですが、こればかりは、なぜそうなのかは私にもわかりません。しかし、そうであるという事実だけは、今までセッションにきて、それを実感してくださった方々が証明してくださることでしょう。

恋愛、結婚のことを観る場合、そこに魂の絆《きずな》が生まれているかどうかで、可能性がはっきり観えてきます。

面白いのは写真です。表情はどうであれ、写真には人の本心や魂、生命力などのすべてが写っているんですよ。だから一緒に写っている人が笑顔でも、どうも力がない時は、おかしいなーって気にしたほうがいいと思います。

ではここで、実際どんなやりとりがあるのか、私と相談者の例をいくつか紹介したいと思います。結婚についてのカウンセリングでは、こんな悩みが多いものです。

■ナルシストを愛するナルシスト

結婚そのものに興味がない人を追いかける人

――今、熱烈に追いかけている人がすでにいますね。

「そうなんです！　ＳＷ君です。この人、どうでしょうか？」

――彼は自分のことに夢中で結婚する気なんかないですよ。

「やっぱり！　そうかー」

――それに、この人を幸せにするのは彼自身で、結婚でも恋人でもないですよ。そもそも女性は母親、みたいなイメージが拭《ぬぐ》い去れないのか、自分の母親の存在と混同しちゃうのか、母親に大事にされすぎたせいか、女性は面倒くさいものとも思っているみたいですし、ひとりで自分の世界に浸《ひた》り切ってる時が、彼にとって一番幸せで安全なんです。

それに世の中のすべては自分の才能を肯定するためのものなので、女性もそういう存在で彼を支え続けることに喜びを感じるような人でないとダメでしょうし、だからといって、そんなに感謝されるわけでもないでしょう。

新しく恋に落ちる瞬間に恋する人ですし、かといって自分の心を女性に預《あず》けるなんてことはしないし、彼の恋心を一生とか長期間射止《いと》められる女性は出てこないですね。彼がファンタジーを抱く、架空の人なら可能かもしれませんが、普通の人間じゃ無理です。

「その彼を支える存在にはなれないのでしょうか」

――彼を支える存在の女性は、黒子《くろこ》とか妖精のように、存在感があってはいけないんです。でもあなたは彼のサポーターに徹するのではなくて、恋愛がしたいのだし、普通の幸せな結婚をして、奥さんとして、その存在を認めてもらいたいのだから、この彼じゃダメですよ。

彼は自分ひとりでは生きられないタイプなので、必ず誰かと一緒に暮らすと思いますが、徹底した世話女房とかパーソナル・アシスタントみたいな存在でもいいやって思えるくらい、彼に惚《ほ》れ込んでいるか、精神的に自立していて、自分で自分を幸せにできるような人じゃないと、寂《さび》しくなっちゃうと思います。

◇魂的ポイント…こういう人を好きになる人は、相手よりもナルシストだったりすることが多いです。自分もあんなふうに生きたいなって気持ちと恋愛感情とが混同してしまっていないか気をつけてください。

■惚れてもいない人を、条件やイメージで結婚相手に決めようとしてしまう人

「MKさん、HSさん、TGさんという3人の人と出会ったんですが、この中に結婚相手はいますか?」

――MKさんはとっても華やかで魅力的だけれど、独身貴族タイプというか、ボーイフレンドには向いてるけれど、落ち着かない人なので夫にはしたくないタイプですね。

ＨＳさんは結婚に向いているタイプだけれど、あなたにとっては退屈。

ＴＧさんはこちらが全面的に合わせないといけないし、亭主関白にもなりかねないので、あなたの性格では無理だと思います。

本当のところ、どの人も本当に自分の好みのタイプの人ではないと思います。

「そーなんですよ！」

――そのうち恋愛感情が湧いてくるかも……っていうのは見込めませんね。

「やっぱり……」

――新しい人を見つけないといけないですね。

「えー！　そうなんですかぁ？」

――こんなに何回もお食事している人たちなのに、ＨＳさんなんて、もう何年も知ってる方なのに、ここまで恋愛感情が湧いてこないってことは、これからもないってことです。

「そうですよねぇー、やっぱりダメかぁ。ショックー！」

――そんな、自分が惚れ込むところがひとつもないのに、焦って妥協しようとしちゃダメですよ。

「そうなんですよねぇー、あーあ、また探すのかぁー」

——じゃあ、HSさんにすればどうですか？

「いいえ。嫌なんです」

——何か物足りないんですね。でもMKさんは素敵で、一緒に遊んでる時はいいけど、その後とっても疲れるでしょう？　TGさんもとても頼りになるけれど、強引なところもあって、疲れるので、次に会うのが億劫《おっくう》になるでしょう？

「そうなんです」

——この3人を足して、3で割ったような人を探すのが一番ですね。

——◇魂的ポイント…結婚相手には最低ひとつは「惚れ込むところ」が必要です。——

■自分も結婚する準備ができていない人

「私、結婚するんでしょうか？」

——一生ひとりでいるのは嫌だと思うので、必ず結婚されると思いますが、今の生活環境じゃ無理ですね。今の生活を変えたくないと思っていらっしゃるし。ですから本当に疲れ切ったり、寂しくなるまでは、しばらくは結婚されないでしょう。

ＪＴさんという方が観えますが、この人はどうですか？　この方くらい成功されて忙しくされている人なら、尊敬もできるでしょうし、結婚したいなって思わせてくれるようなところもありますが……。

でも、相手のためにスケジュールを調整するのは嫌でしょうし、事実上ほとんど会えないみたいですから、今の状態では恋愛は期待できませんよ。

「でも仕事で仕方ないんですよね」

――それでも、どっちかが折れないと。今のままじゃ、相手が合わせてくれることも期待できませんし。

「会える時に、時々会うくらいでもいいんですけど」

――それは都合のいい時にだけ会う「恋愛ごっこ」「Love Affair《ラブ・アフェア》」で、「真剣な付き合い」「Relationship《リレーションシップ》」には発展していきませんよ。結婚するためには、結婚仕様に自分も変わらないと。でも今はそこまでしたくないんですね。

「そうなんです」

――ということは、当面は納得いくまで仕事をして、最終的に、自分に合わせてついてきてくれるような人を探すのはどうでしょうか？

◇魂的ポイント…「自分より有能な人」に憧れるのは、自分を向上させるためであって、恋愛や結婚の対象にはふさわしくないことがあります。

かといって、自分に合わせてくれる人では物足りない。しばらくひとりで頑張って、自分に自信がついた時に、多少物足りなくても、自分のわがままにトコトン付き合ってくれるような、優しい寛大《かんだい》な人を見つけるほうが合っているかもしれません。

■自分の結婚相手の理想像が観えていない人

「結婚したいんですが、全然ピン！とくる人に出会わないんです」

――出会いがないというよりは、自分の理想の男性像がまったく観えてないみたいですが。好みのタイプとか、考えたことがないいんじゃないですか？

「そういえば、そうです。ないです」

――まずそこから考え始めないと。

「そうですよね。でも好みの顔とかもないし……。好きになる人は、いつも全然違うタイプだし」

――たまたま目の前に現われた人とか、向こうからアプローチしてくる人を無理して好きになろうとしちゃダメですよ。

「そういえば、そうやって失敗しているかも」

――そう、自分の求めている男性像に、せめて肝心《かんじん》なところは合っていないと。向こうが好きって言ってくれるから、みたいなのが一番ダメな理由です。

◇魂的ポイント…結婚相手の理想像は、時間をかけて繰り返し自問自答しないと、把《は》握《あく》できないものです。それが観えていないと、誰に会ってもピンとこないものです。

■イメージや条件ばかり追いかけている人

「いいなぁーと思う人はいっぱいいるんですが、全然結ばれないんです」

――顔とかイメージで選んでませんか？

「ガーン、選んでます！」

――年齢とか。

「ハイ、確かに」

――それじゃダメですよー。金魚すくいみたいなもんですよ。

「金魚すくい？」

――そう。すくうのが目的で、すくうのは楽しくても、家に持って帰ると、たいていは長生きしない。

外見はみんなそれなりに素敵でも、中身はみんな自分と全然合わない。イメージとか条件で探しているうちは、全然中身が観えてないですし、それほど真剣でもないんですよ。本気で自分のパートナーを探す必要性に迫《せま》られている人は、もっと違うところを観るんです。

「違うところって？」

――それこそ魂レベルでピン！とくるとか、この人となら暮らしていける！　幸せになれる！　みたいな確信を感じるとか。

「この彼と幸せになりたいんですけど」

――なりたい、ではなくて、絶対なれる！って直感で感じるものなんですけど。まだちょっと相手そのものより、相手の持っているものに惹《ひ》かれているようなところが強くて、それが相手にも伝わってしまっているんじゃないでしょうか。

◇魂的ポイント…自分の憧れのタイプを追いかけていることそのものが恋愛になってしまっている人は、本当に結婚したいのであれば、もっと自分に近いタイプの人にフォーカスしてください。

■目の前にすぐにでも結婚できる人がいるのに、あれこれ迷っている人

「そろそろ結婚したいんですけど」

――すでに今すぐにでも結婚できそうな相手がいるみたいに観えますけど？　この人じゃダメなんですか？

「ええ、確かにいるんですけど、この人でいいんでしょうか？」

――問題ないと思いますよ。結婚したからといって、ふたりの仲が変わるわけじゃないですけど、このまま今まで通りの感じで上手《うま》くいきますよ。

「もっといい人が出てくるとか、ないんですか？」

――もっといい人というのは、何がですか？　もっとお金持ちとか、若いとか、カッコイイとか、そういうことですか？

出会いのチャンスはいつでも、誰にでも、創ればあるものなんですけど、今からわざわざ別れて、新しい人見つけて、なんてやってるうちに3年くらいすぐ経《た》っちゃいますよ。出産のタイミングなんかもありますし、今の人と結婚するのがいいと思いますよ。

◇魂的ポイント…結婚しても大丈夫そうな相手がいるなら、それ以上欲を出して迷わないこと。キリがありませんから。結婚してから、生活、仕事、育児の面で全体的にバランスよく助け合ってやっていける人、真面目《まじめ》で安心できる人、そして「魂婚」のコンセプトがわかっている人が一番です。

「魂の結婚」をして幸せになるための11のステップ

これまで、たくさんの方のカウンセリングをさせていただいてきて、自分に合う結婚をするためには、次のような準備が必要だと感じました。

ステップ1　絶対結婚する！と誓《ちか》いましょう

まずは、自分は結婚するんだ！と覚悟を決めます。そして「そのうち」「今すぐにはチョット……」「まだやりたいことがあるし……」じゃなくて、この願いが天に通じて明日にでもピッタリの相手が現われたら、迷わず結婚すると誓いましょう。そのためにも、自分の奥底にある結婚に対する迷いのすべてを浄化する必要があります。

ステップ2　結婚、恋愛、過去に対するネガティブな考えを浄化しましょう

自分の中にある結婚観の歪みを修正しましょう。結婚に対して疑いの気持ちがあるなど、何か抵抗感があるならば、その原因を知って、それを根本から浄化するお祈りをすると同時に、その原因を突き止めましょう。素敵なカップルをお手本にするのもいいでしょう。

ステップ3　自分に合った結婚をイメージしましょう

人は皆ユニークな存在であるように、結婚の在《あ》り方も、それぞれユニークなものです。他の人の結婚は参考にはなっても、それをガイドラインにするわけにはいきません。あくまでも自分とパートナーという原型が、自分たちの結婚のガイドラインを創っていくのです。

結婚という型に自分を押し込むのではなくて、自分とパートナーとで、結婚という器《うつわ》を選んでいくようなイメージで、自分に合った結婚生活はどんなものか、イメージしてみましょう。実際にどんな結婚生活になるかは、相手が現われてみるまでは判断できませんが、自分の中で絶対に外《はず》せないポイントはしっかり押さえておきましょう。

ステップ4　理想のパートナーをイメージしましょう

自分を熟知したうえで、真の理想の伴侶《はんりょ》はどういう人か考えましょう。自分の片割れを見極めるには、まずは自分自身という原型をよく知る必要があります。

「片割れ」といっても、最初から自分の原型にピッタリくる人が存在しているわけではなくて、お互いにピッタリ、フィットするように、物足りないところは足したり、ぶつかるところは削ったりして、お互いの片割れになっていくのです。

ステップ5　経済的、精神的に自立しましょう

健全で公平な関係を維持するには、自立した者同士がお互いを尊敬し合いながら支え合えないといけません。どちらかが一方的に依存する関係は、必ずある時点で障害が出てくるものです。経済的にも、精神的にも、基本的には自分自身のことはケアできるという自信を持てる程度に、自立した自分を確立しましょう。

ステップ6　魂を解放するファッションで自分の本当の魅力をアピール！

キリッと身が引き締まるような着心地のファッションだけがオシャレというわけではありません。着るだけで素敵に見えるうえに楽な服など、気負わなくても自分のいいところを引き出してくれるファッションを研究しましょう。オシャレだって、魂を解放するために活用できるのです。魂が解放されたエネルギーは自然に人を引き付けますよ。

ステップ7　積極的に出会いを経験して、理想のパートナー像をしぼっていきましょう

いろいろ理想はあっても、本当に人に会ってみないと、イメージだけでは判断できませんし、自分自身のリアクションすらつかめないものです。

憧れのタイプと思っていた人でも、じつは会ってみたら苦手だったりすることもあります。間違った人と付き合ってしまったり、迷ってしまうのは、上手に断われないからだけかもしれません。上手に断わる練習だって必要なのです。

実際に出会いのプロセスを経験して、直感のアンテナを磨きながら、自分の片割れ素材の人を見極めていきましょう。

ステップ8　相手を見極めたら迷わない！

どんな人が相手でも、「本当にこの人でいいんだろうか？」と思ってしまうのは自然なことです。自分にピッタリの素質の相手を見極めて、お互いに自分たち仕様になっていく努力をするのが結婚ですから。

物足らなさやズレもそれを前向きに埋めていけそうな人が見つかったら、もう迷わないで、「魂婚」の実践あるのみです。

ステップ9　結婚生活を成功させるための努力を惜《お》しまない

長年連れ添《そ》って、時間が経つたびに「この人と結婚して本当によかった！」と思えるようになるのが、幸せな結婚です。どんな時も上手くやっていく努力があってのことですから、結婚生活を円満に新鮮に持続していくための、思いやりのこもった工夫を毎日欠かさないことです。

ステップ10　もしも、ふたりの間にピンチが訪れたら……

どんな夫婦でも喧嘩はするでしょうし、「もうダメかも」と思うピンチが訪れることがあるかもしれません。それでも、「やーめた！」とはいかないのが結婚です。だからといって、煮えくり返りながら耐え忍《しの》ぶこともないのです。

前向きにピンチを乗り越える発想転換をしましょう。最悪な喧嘩を避《さ》けたり、それを乗り切る方法も、お互いの性格から考えて準備しておきましょう。

ステップ11　ふたりでひとつの人生をエンジョイしましょう！

自分の人生の基盤になる、夫婦の間でのコミュニケーション・エラーは、生活のすべての面のエラーにつながっていきます。お互いハッピーでいられるために、どんな言葉をかけてあげたらいいか、どんな表現をしてあげたらいいのか、相手の気持ちを理解してあげられるようにしましょう。

いつもお互いの味方でいて、世の中にそっぽを向かれたとしても、お互いを支え合って、お互いのために存在し合うのが夫婦ですから。「自分さえよければいい」という考えは通用しません。パートナーといるからこそ味わえる幸せを、どんどん求めましょう。

早く気づいた人から幸せになっていきます

自分を知って、狙いを定めて、環境を整えれば、「理想の結婚」という目標は達成されるはずです。一日も早く結婚したいならば、一日も早く結婚する決意をしてください。それもズバリ！「1年以内に結婚相手を見つける」つもりで、自分を「結婚する人」に仕立て上げるプロジェクトに取りかかってください！

絶対に大丈夫。あなたにもできます。あなたがこうして存在しているように、あなたの片割れもこの世に存在しているはずです。その相手を見つけましょう！

早く気づいた人が勝ちです！　さあ、始めましょう！

3章

「魂のパートナー」と出会える自分になるために

――出会いのためのお祈りと、結婚観、恋愛、過去の浄化をしましょう

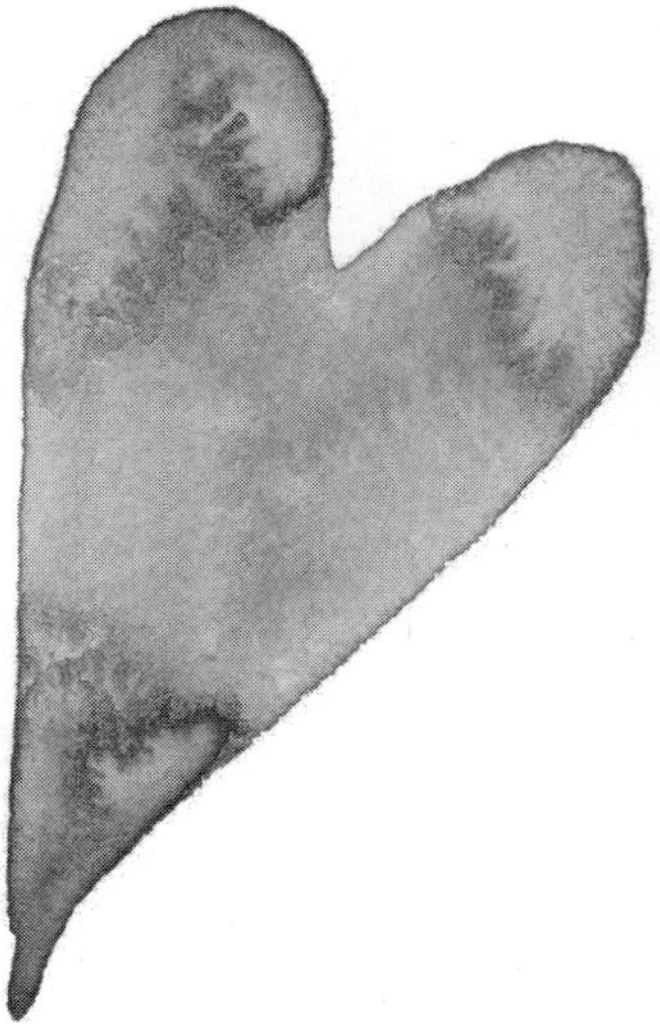

ステップ1
絶対結婚する！と誓《ちか》いましょう

不安のルーツを絶《た》つ

「私、とにかく結婚したいんです！」という相談をよく受けます。

そこで、「じゃあ、明日にでも結婚できるようにお祈りしましょう」と言うと、「明日はチョット困ります！　来年とか……2〜3年のうちとか……」なんて尻込《しりご》みをする人が、じつはけっこう多いのです。

また、「来週のパーティーで結婚につながる出会いがありそうです」「今すぐにでも結婚したければできそうな人がすでにいらっしゃるみたいですけど、その方はどうなんですか?」「そういえば、○○さんという人が結婚したいって言ってましたけど、ご紹介しましょうか?」、なんて言っても、そこで急ブレーキがかかってしまう人も少なくありません。

結婚に飛び込みたいけど、いざ飛び込めと言われたら怖いんですね。

もちろん、これは諸々の事情や私情が自分の中に渦巻いているからなのですが、自分が「結婚するんだ」と誓うには、結婚に対する恐怖心や疑いの気持ちがあってはダメです。

安全だと信じるからこそ乗り物に乗れるわけですし、海外旅行だって、留学だって、不安よりも期待が大きいから行けるわけです。飛行機だって「自分の乗った飛行機は絶対落ちる!」なんて思っていたら、乗れません。自分の中にある不安のルーツを絶って、純白の自分の結婚の土台を創りましょう。まずは「結婚するぞ!」と自分に誓うところから始めます。

「1年以内に結婚する！」目標を立てる

本当に結婚したかったら、「いつか……」「そのうち……」「できることなら……」なんて言っていないで、「1年以内に結婚する！」と決意をしてください。ダメモトで全然かまいません。

せっかく決意をしたのに、結婚も婚約も恋人もできないまま1年が過ぎてしまったら、その時にまた考え直せばいいのです。まだ、自分が準備できていないということでしょう。

「結婚できるのかしら……」なんて考えていないで、「結婚してやる！」と思ってください。結婚もダイエットも就職も、それに挑《いど》む姿勢は同じであるべきです。

達成したい目標はただちに行動に移すこと。今までダメだったから、これからもダメなんじゃないかと考えるのではなくて、本命中の本命に出会うまでに出会った人々すべては「ハズレの人」なのですから、過去に上手《うま》くいかなかった人は、ただハズレだったのだと考えてください。

お祈りと覚悟

「結婚するぞ！」と心に決めたら、次は「1年以内に結婚するぞ！」と念じます。「それじゃ、ちょっと急すぎる！」と思う人もです。**自分にその覚悟ができていなければ、お祈りは届きませんから、どうせ本命の人は現われません。だから思い切ってお祈りしても大丈夫です。**

「2〜3年先に……」なんて言っていると、あっというまに6〜10年経《た》ってしまいます。一年単位でゴールを決めて、ダメだったら何が原因なのか考えて、お祈りし直すのがいいでしょう。

「私の生涯の魂《たましい》の伴侶《はんりょ》を送ってきてください。私のすべてをかけて、その方を迎え入れ、生涯を共にする約束をいたします」と、お祈りをします。

このお祈りが効《き》くかどうかは、自分の人生にパートナーを迎え入れる覚悟がどれだけできているか、結婚したいという気持ちが、どれだけ本物かによって決まってきます。

このお祈りの言葉を口にすると、かなり重いですよね。すべてをかけられるのでしょうか？　一生涯支え合っていけるのでしょうか？　でもそんなことを気にしているようでは、まだまだ結婚する決心がついていません。

座禅をしたいけど、足が痛くなるんじゃないか？　なんて心配するくらいだったら、座禅なんてできないのと一緒です。「結婚したい」と思っていても、結婚するというアイデアに憧《あこが》れているだけでは、どんなに念じても、思いは届きません。

自分を受け入れてくれる人が現われることを願うなら、自分も相手を受け入れる覚悟をします。「相手はどういう人がいいのか？」と考えたらキリがない状態では、まだお祈りをする準備ができていません。効かないお祈りは、自分でも「ちょっと……今のは天に届いてなさそうかな」と、わかるはずです。

お祈りは納得いくまで何度でも繰り返しましょう。注ぎ込む念が強くなりますし、最初は漠然《ばくぜん》としたお祈りでも、繰り返すうちに明確でシンプルな、自分の願いの結晶になっていきます。または、そうなった時に叶《かな》うものなのでしょう。

効果のないお祈りは、必ず何か大事なことが抜けていたり、非現実的な条件が含まれていたりするものです。

自分の好みを具体的に理解しておくことは、自分を迷わせないようにするためのガイドラインとして大切なのですが、好みなんてものは変わってしまうこともありますし、好みに束縛されることもあります。自分が魂レベルで魅力を感じる人を探せば、満足のいく結果につながっていくでしょう。

ダメなお祈り

お祈りする時に、気をつけたいことがあります。

たとえば、「結婚したい」とだけ祈ったら、結婚したがっているけど、性格はめちゃくちゃ、みたいな人が現われたとか、「子供が欲しい」と祈ったら、子供だけ授《さず》かったけれど、結婚はできないと言われたとか――そんな「不完全で偏《かたよ》ったお祈り」をしないように気をつけてください。

「自分の子供の父親として、そして夫として最高の人を連れてきてください」とお祈りするにしても、その中には「健康で、経済的に自立していて、面倒見がよくて、愛情の深い人＝最高の父親」といったような、具体的な条件が凝縮されているべきです。「結婚したい」「子供が欲しい」という言葉を聞いただけで、その相手に飛びついてしまってはいけませんね。

お祈りの効果は絶大ですから、どうやってお祈りするかで、その結果がそのまま現われてしまうのです。ですから、「エイ！」とお祈りする前に「完全なお祈り」になるように準備する必要があるのです。

魂からの直感の声に耳を傾けます

「自分は1年以内に結婚する」と決めたら、ただちに相手を探し始めます。まずは「結婚対象の人を見つける」と思うことから始めます。結婚に向いてなさそうな人は視野から外してください。

そして「必ず相手が現われる」と信じましょう。ここで疑ってはいけません。「間違った相手をつかまえてしまったら、どうしよう！」なんて心配はしないでください。疑えば疑うほど、心配すればするほど、いい出会いまでも逃してしまいます。いい「素材の人」を見つけること。いつかその気になるんじゃなくて、今の時点で結婚するつもりのある人だけを見つめるようにしてください。

あなたの直感の声が「あれ？　もしかして、この人？」「こんな人と結婚したらきっと幸せになれるんだろうな」「この人なんだろうな」みたいなメッセージを送ってきてくれる日がくるはずです。

自分の中の疑いや不安、期待などの気持ちを遮断しないと、直感を感じ取れなかったり、信じられなかったりします。自分の求める相手のイメージが正確なもので、それに迷いなくフォーカスしていたら、ピン！とくるものです。

その声が真実を伝える魂の声ならば、何か懐《なつ》かしいような感じがするでしょう。毎日コツコツと自分の魂に忠実に生きて、自分の魂とのつながりを強化してください。自分の魂とのつながりは、自分の魂が正しいと信じる生き方に、徹底することで強くなっていきます。**魂は自分にとって一番正しいことだけに反応するもので、私欲や執着によって振り回されていると、魂の声は聴こえなくなってしまいます。**

一生涯のパートナーが現われたら、「この人だ！」とわかるものです。素敵な結婚をされているカップルに聞いてみてください。みんな直感的に「わかった」とおっしゃることでしょう。なぜか「この人でいいんだ」という確信を持たせてくれるところが、直感の仕《し》業《わざ》なのです。

もしもあなたが「結婚する！」と誓えないなら……

結婚にあまりポジティブな印象を持てない人は、満足のいかない結婚生活に「結婚とはそんなもんだ」と不満を言いながら暮らしている人たちを見たり、離婚をするカップルを目の当《ま》たりにして、ますます結婚に対してネガティブにならないようにしてください。そうならない結婚相手を選ぶ決意をしましょう。

自分の結婚観が正しく前向きなものになれば、「自分は結婚できる」と思えるようになってきます。または、正しいパートナーが目の前に現われたら、「こんな人とだったら幸せな結婚ができるかも」と思うもので、これこそが、本命の結婚相手を示すサインなのです!!

まずは「結婚」にポジティブなイメージを持ってください。

そのために、次のステップで、結婚に対するイメージを浄化しましょう。

ステップ2

ネガティブな考えを浄化しましょう

ネガティブな結婚観

「自分は結婚できるんだろうか」「自分は結婚に向いていない」などと、なぜか結婚に否定的になってしまう理由はいろいろありますが、決定的な理由を自覚している人は、意外と少ないのです。

親の結婚を自分にあてはめて、「ああいうのはムリ」と思う人も多いのですが、親の結婚と自分の結婚は違って当然です。

私自身、自分は結婚には向いてないんじゃないかとか、結婚する運はないんじゃないかとか、そんなふうに考えていたひとりですが、これは周囲に幸せな結婚をしている人がいなかったせいです。結婚した今となっては、本当に結婚してよかったと思います。

別に結婚したからといって、生活が楽になったわけでも、特別変わったわけでもありませんが、ネガティブに想像していた、束縛《そくばく》感のある重苦しい、出口のないような夫婦関係とはまったく違って、ひとりでいた時よりも、さらにポジティブで自由な関係を持てることがわかりました。

結婚で変わるのは物事の優先順位

「結婚した途端《とたん》に、自分の今までの生活のすべてが変わってしまいそうで、怖いから結婚できない」という人もいますが、自分らしさを失わない結婚生活をしていける相手を選べばいいのです。確かに結婚すると、お互いの存在を考えて、物事の優先順位が変わってきますが、その「変わる」というのは、いい方向に変わっていくのです。

時間をかけてゆっくり食事ができるように早起きするとか、一緒に夕食がとれるように、どうでもいい誘いは断わって、早く帰宅するとか。相手のために時間を創らなければいけないことも、自分の枠を広げていく、プラスの行為です。自分だけで好き勝手にできる時間は減っても、けっしてそれで損しているのではありませんから。

時間もお金も労力も2倍かかっていると感じることがあったとしても、ふたりぶんハッピーになれる、新しい幸せを手に入れているのです。

結婚をポジティブにとらえられない人のためのチェックポイント

結婚をどうしてもポジティブにとらえられない人は、次に挙げたような様々な気持ちが、自分の結婚観を漠然と霧《きり》のように、見通しの悪いものにしてしまっていないかチェックしてみてください。

ネガティブな結婚観のある人ほど、新しいポジティブな結婚観を生み出すような、健康的な恋愛と結婚をする必要があると思います。

あなたの中には、次のような結婚に対する、ネガティブな感情があるでしょうか。

●結婚したいと思えない
●結婚が自分とは縁遠《えんどお》いもののように感じる
●ひとりでいるのが好きだから結婚したくない
●自分のことで精一杯で、家族を持つ責任は負《お》いたくない
●周囲（親や友人など）の結婚が上手くいっていないので、結婚に対する憧れが湧《わ》かない
●恋愛にことごとく失敗して、恋愛不信になっている
●異性に対する不信感や、威圧感のようなものが強い
●異性に精神的、肉体的に傷つけられたことがある
●親の存在や期待、親との関係などが影響して、結婚に何かと干渉《かんしょう》されそうなのが嫌《いや》
●結婚したいと思うこと自体が、うっとうしく感じる
●異性にアピールできる自信がない

●人に愛される自信がない
●結婚している人たちが大変そうで、自分は同じような苦労はしたくない
●結婚するということが、依存関係のようで嫌悪感を感じる
●結婚というシステムに縛《しば》られたくない
●人に合わせて生活していくのが苦痛
●誰にも束縛されず、気ままに暮らしていきたい

このような気持ちがあるからといって、あなたは絶対に結婚したくない人間だとは言い切れません。そういう人ほど正しい結婚をして、癒《いや》される必要があると思うのです。

よく、「結婚したいとまでは思わないけれど、誰かと一緒にいたい」と言う人がいますが、これは自分に合った結婚がどういうものか、理解しきれていないとか、結婚に対して歪《ゆが》んだイメージがあるからで、必ずしも「結婚したくない」というわけではないと思います。

結婚という形に意味がないと思うのは、「サバイバル婚」のはかなさを意味しているの

であって、「魂婚」をするのだと思えば、正式に結婚する意味が観《み》えてこないでしょうか。

基本的に、「一生ひとりでいるのは嫌だ、それじゃ寂《さび》しすぎる」と感じる時点で、やはり自分は結婚したほうがいい人間なのだと考えるのがいいでしょう。自分の中にある一般的な結婚のイメージが、自分の生活にピッタリこなくて、結婚を毛嫌いしているだけかもしれません。

一生お互いを支え合って、一緒に生きていくと約束するのと、ただ誰かと一緒に暮らすのとは違います。どんな時もあきらめないで協力し合って、パートナーと一緒に生きていくという、お互いのために献身する覚悟のある関係を持つという意味で、「結婚する」のだと考えてください。そして、そんな生き方をつらぬく相手を選ぶのだと考えてください。

そう考えられるかどうかで、一時的に一緒にいられる相手を見つけることになるのか、一生寄り添って人生の旅をしながら、完成度の高い人生を築き上げていける相手を見つけることになるのか、大きく道が分かれるのです。

自分にとっていい結婚は、夫婦としての生き方そのものが、自分の欠点を補《おぎな》ってくれる、かけがえのないものになるでしょう。

この人となら結婚できる！と確信を持たせてくれる人を探し当てましょう！

中には「自分で産んだ子供は欲しいけれど、夫はいらない」と考える人もいます。

このような考えは、自分中心にすべてをコントロールしようとする考えです。どうしてそうなのか、異性への抵抗感の原因なども含めて、自分の中にある偏った考えを追求して、それを解消できるようなパートナーを見つけてください。

過去の恋愛を浄化しましょう

どんなに恋愛に失敗し続けた人も、結婚が本物の恋愛のゴールで、新しい人生のスタートラインと考えて、今まで失敗し続けた恋愛は（そして結婚も）全部ハズレだったのだと、開き直ってください。「アタリ！」に行き着くまでのすべて「ハズレ！」だったのです。

未来につながる健全な魂を育《はぐく》んでいく、「魂エコロジー」のために結婚をするにも、けって痛い恋愛経験に、明るい未来の結婚の展望を曇《くも》らされてしまわないでください。あなたが探しているのは、自分に合った、自分のための、正しい、良い結婚なのですから。

過去のダメな恋愛なんて、きれいさっぱり、記憶の彼方《かなた》に消去してしまえばいいのです。「天のゴミ箱」に捨ててください。そこから学んだことは「二度と同じ失敗をしない！」ということです。ダメになった相手の、ダメになった理由をちゃんと理解して、二度とそういった人とはご縁を持たないと、決意してください。

たとえば昔の恋人にさんざん浮気をされたとか、お金のことで騙《だま》されたとか、嫉妬《しっと》深い人に、窮屈《きゅうくつ》な思いをさせられたとか、暴力をふるわれたとか……。だから自分にはそんな人に出会う悪い異性運があって、きっと結婚相手も何か悪い癖を持っているんじゃないか、と心配するのは仕方ないかもしれません。注意深くなるのは、おおいに結構です。

しかし大切なのは、そういった心配のまったくいらない人を見つけることです。それが本命の人なのです。ちょっとでも疑いを感じる人とは付き合わないことです。自分の魂を

曇らせるパートナーは必要ありません。

とにかく自分の中にある「異性運の悪い人間である」という潜在意識を完全に浄化してしまいましょう。でも、そんなふうに思えば思うほど、人を見る目が曇って、自分の求めるスタンダードが低くなっていきそうです。

「もう悪い異性には近づかないし、引き寄せもしません！」と天にお祈りしてください。そして過去に苦い経験をした異性のことは、恨《うら》みも後悔も執着もとりあえず天に返上しましょう。

自分の目の前に「天のゴミ箱」があると思って、ポイ！とそこに入れるとイメージしてください。取り返したくなったらいつでも取り返せますから、どんなに恨めしく思っても、未練がつのっても、とりあえず一回捨てます。そして思い出しもしなくなったら、そのまま忘れてしまえばいいのです。

そして、恋愛感情を抜きにして、「こんな純粋な人がいるんだ」「こんな素晴らしい人がいるんだ」と思わせてくれるような、清々《すがすが》しい、ハッピーな人が集まっている場所に出かけてください。あなたに必要なのは、あなたの魂を泥沼から救い出して、洗って、磨いてくれるような人です。または自力で、その泥沼から出て、魂を洗って、磨いて、それを汚すような人には近づかないことです。

いっそのこと、純粋無垢《むく》でハッピーな赤ちゃんや子供たちのエネルギーに触れて、「人間ってもともとはこんなに純粋なんだなぁー」ってことを思い出してください。そして純粋な素材系の人を求めて、一《いち》からスタートです。

「前の人がそうだったから、今度の人もそうなんじゃないか」という考えから、新しい相手に対して疑い深くなってしまっては、せっかくの可能性をなくしてしまう原因になります。それに、前の人の影がチラチラしているようでは、純粋な新しい人を迎え入れることができないでしょう。

どんなにひどい恋愛経験も、時間が経てば忘れてしまいます。というより、思い出すのも嫌になります。ましてや正しいパートナーが見つかったら、いかに前の人が間違っていたか、よーくわかるようになって、痛みは消え、別れてよかった!と感謝できます。まずは、自分がちゃんと冷静に、真面目《まじめ》な人を選べてさえいれば、心配はまったく必要ないと思ってください。

本当にいい関係は「楽」なもの

結婚も恋愛も「楽」「シンプル」であるべきなのです。

ひとりで生きていくのも大変なのに、それより大変になるようじゃ、続けていくにも限界がきてしまうでしょう。それなりの苦労はあっても、ひとりじゃ絶対に味わえない幸せや、心地よさを感じるものでないと、一緒にいる甲斐《かい》がないですよね。

本当にいい関係は「楽」なものです。困難であるべきではないのです。一緒にいられることが最高に楽で幸せだから、自然に続けていこうと思えるのです。

一緒にいるのが苦しいくらい、緊迫感のある一時的な恋愛沙汰《ざた》はあっても、それを結婚まで持っていくことはできないでしょう。

末永《すえなが》く一緒にいるためには、もちろん努力も必要ですが、それは献身的な、苦労も苦にならない努力のことで、けっして魂を削《けず》るようなことではないのです。

過去の恋愛沙汰の傷の深い人ほど、その傷を癒せるようなパワーを持った人と結婚してください。「そういう人がいるはず」と信じれば、必ず現われるはずですから。

自分の恋愛経験の傷から、感傷的になっているところ、神経過敏になっているところ、疑い深くなっているところ、臆病になっているところ、執着心の強くなっているところ、恋愛不信になっているところなどは、自覚してください。

そしてそういった、ありとあらゆる過去の経験からくる不安を消し去ってしまうような人とは、どんな人なのか、深く考えてください。

それがあなたの理想のパートナー像です。これが明確になったら、余計なことは望まないで、でも自分の望むクオリティーは妥協しないで、その人を見つける努力をしましょう！

自分の中に、異性に対する怒りや敵意はないでしょうか？

生いたちや過去の経験から、異性に対する敵対心や怒りが根付《ね》いている人も、けっこういるものなのです。

どんなに素晴らしいクオリティーの人が相手でも、この敵対心や怒りというのが、無意味に、そして無意識に、目の前にいる大切な人を傷つけようとしてしまうことがあります。この自覚のない悪意は、安定した状態の時にも角《つの》を出すことがあるのです。

やっと、お互いのことがわかり始めて、いろんなことが落ち着いて、これから末永く仲良くやっていこう、という時になって、自分や相手の一番「あくどい」性質が露《あらわ》になってくることがあります。濁《にご》っていた川の水が落ち着いて、水面が透明になった時に、川底に溜《た》まったヘドロやゴミを見つけるようなものでしょうか。

この敵意や怒りというのは、言葉に表われたり、理不尽な冷たい態度に表われたり、または暴力として表われたりします。物を投げたり、罵倒《ばとう》したり、自分の中の自分に対するフラストレーションをパートナーにぶつけてしまったり。いつもはとてもいい人なのに、すごく短気になったり、対抗意識、嫉妬心や独占力が異常に強いなど、時々破壊的になるところがあって、側《そば》にいる人が傷つけられてしまうようなことがあったら、それは一生かけて改善していかないといけないものです。

ストレスは健康的な方法で発散して、破壊的、自虐的にならないようにしましょう。

誰でも一緒に生きていれば、意見が食い違うことは何度となくあるでしょう。自分のムシの居所が悪いだけで、相手のすることが気に入らない日もあるでしょう。しかし、それが説明しようのない怒りや、コントロールの利《き》かない敵対心に膨《ふく》れ上がって、パートナーを傷つけるのは、何が何でも避《さ》けなければいけませんね。

相手を愛しているからとか、せっかく一緒にやっていく決心をしたのだから、という気持ちがあっても、ふたりの関係そのもの以外のことが原因で、自分の奥底に根深く潜んだネガティブな感情が湧き出て、お互いを責め合ったりするようでは、終わりのない闘いにお互いを巻き込んでしまうことになります。そのうち疲れ果てて、一緒にいる意味もわからなくなってしまうでしょう。

ちょっとしたことで相手をしつこく責めるとか、くだらない喧嘩が多いとか、尊敬する気持ちや、愛情が感じられない言動があるとか、そういったことを少しでも感じたら、何か隠された怒りなどがないか、話し合ってみてください。ここで話し合いもできない相手なら、長くお付き合いするには限界があるかもしれません。

誰とも付き合ったことのない人

これまで誰とも付き合ったことのない人が、結婚を考える場合は、やはり純粋に「魂の結婚」をするステップを踏《ふ》んで、最高の素質の人を見つけることと、結婚したら根気よく片割《かたわ》れに成長していくことにフォーカスするのが一番でしょう。

いつも自分の気持ちを素直に相手に伝えて、「おかしいな?」と思うことは、「そんなものかも」と放っておいたり、ひとりで片付けようとしないで、いろんな人に相談してください。問題にぶつかった時にすぐにあきらめて、「ひとりでいるほうが楽」と、元のひとりの生活を恋しがって、相手に心を閉ざしてしまわないように気をつけてください。

自分の生い立ちと結婚観

自分の結婚観は、自分の生い立ち、親との関係にもっとも強く影響されます。親との関係に問題を引きずったままでは、それを自分の結婚生活にそのまま持ち込んでしまって、どんな素晴らしい相手との関係も、台無しにしてしまうかもしれないのです。

ですから面倒くさくても、気分が悪くても、どうにも変えようがないと思っても、自分の未来の結婚生活を健康的に保つために、すぐに問題が解決できなくてもいいので、ここは何とか忍耐強く、自分と親との関係を、健康に保てる距離をしっかり置いてください。

それができていないまま結婚してしまうと、不整備のままの乗り物に乗るようなことになって、いったん走り出してしまってからのほうが、面倒なことになります。特に異性に対する感情や行動のパターンは、異性の親との関係が、いい意味でも、悪い意味でも、そのまま反映されてしまうものです。

父親が与えてくれるのは信頼と自信

あくまでも私のサイキック・カウンセラーとしての経験からですが、父親の存在の薄かった人や父親との関係の悪かった人は、男性を頼るとか、信頼することができない、という問題を持つ人が多い感じがします。

父親の存在は子供にとって、どんな時も自分たちを守ってくれる力強さ、ゆるぎのない自信を象徴するものなのだと思います。それと同時に、抵抗できない大きな力でもあります。

父親に失望させられたり、傷つけられたり、抑えつけられた経験のある人は、社会に出てからも、男性たちに対して困惑を抱えたまま生きている人が多いようですし、頼れる存在がなかったために、人に頼るべき時でさえ、孤立して、ひとりで問題を抱え込みがちになる人もいます。

自分の父親を基準に、世の中の男性を比較してしまうことも、避けられないことのようです。父親が無責任だったとか、離婚や死別で不在だったなど、父親を頼れなかった体験が、男性を頼りにできない自分を創ってしまうことがあります。

それが怒りやフラストレーションとして根強く残ってしまっていると、男性に反発したり、男性をありがたく思えなかったりすることもありますし、または逆にその否定的なイメージをくつがえそうとして、男性に期待しすぎたり、依存しすぎる傾向になってしまう場合もあります。男性も女性も、父親の存在なしに育った人は、男性との間に境界線を引いて、相手と共存するという感覚がなかなか持てないこともあります。

人を頼れないと、自分ひとりで頑張りすぎて燃え尽《つ》きてしまう。それが原因で孤立してしまう。または最初から人を頼る気がないので、自分で何でも背負い込んでしまう。自分で何でもやらないと気が済まない、人に頼れもしなければ、逆に競争してしまうなど、完全自己解決型の行動思考パターンは、自分の恋愛や結婚にまで、悪影響を及ぼしてしまいます。

自分の中に、父親に対する怒りやフラストレーション、哀《あわ》れみなどが根付いていると、男性と接する際にそれが出てきてしまうことがあります。それも不意に、自分の知らないうちに出ることもあります。

男性に対する、根本的にネガティブな感情や、被害妄想から、必要以上に相手に対して短気になったり、相手を変えようとか、救おうとか、自分を認めてもらおうとかいった気持ちに執着することもあります。

変なところで、どうでもいい人に父親的愛情を求めてしまったり、めちゃくちゃな男性を何とか受け入れようとする、歪んだ慈愛を持ってしまう人もいます。

また父親がしっかりした人の場合、男の人はそうあるものだと期待しすぎたり、まったく頼りにならない人にさえ、いつかその人が頼もしく変わってくれるんじゃないかとか思い込んで、自分の中の相手に対する期待と現実がズレていることに気がつくのに、ものすごく時間がかかってしまう人もいます。

母親が与えてくれるのは安心感

母親との関係の悪かった人に見られる典型的なパターンは、母親が子供を自分の思い通りにコントロールしようとしすぎた結果のようです。あれこれ口うるさく干渉されるのが面倒なので、まったくコミュニケーションを閉ざしてしまう、または言うことを聞いているふりだけして「ハイハイ」と返事だけするとか、母親の前では言いなりになって、いない所ではまったく正反対の言動をするといったことが当たり前のようになっている、といったようなことです。母親が不在だった場合も、とにかく母親的存在を遮断してしまおうとするようです。

母親に対するネガティブな感情のせいで、女性に対して批判的になったり、女性の意見を拒絶してしまったり、漠然と女性は苦手だと感じる人もいるようです。女性を無下《むげ》に、無責任に扱う男性もいます。

父親とはつかず離れずの距離を保てても、母親との距離というのは、ほどよく保つということが難しいことも多いようです。全面的に母親のペースに巻き込まれるか、自分のペースを保つために、完全に距離を置いて、まるで逃げるようにしたり、母親の影響力が強すぎて、何でも母親が関わろうとするのが嫌で、まったく何も知らせなくなってしまったり、口出しさせない！といった姿勢が強くなったり。こういうことが母親以外の女性との関係にも知らないうちに反映して、問題になるようです。

父親の暴力などから自分を守ってくれなかったという怒《いか》りで、母親に敵意や失望感を抱く人もいます。

母親の存在は、そこに戻れば安心できるという、安らぎの基盤であるべきです。

一般的に母親との関係がよかった人は、愛情豊かで、精神的にも安定しています。人間関係も上手くやっていける、精神的なゆとりを持てるようです。やはり、ゆるぎない愛情を注がれて育つということが、私たちの人間形成の土台になるからでしょう。母体は、人間の命の源《みなもと》ですから、母親との絆《きずな》がもろいと、生命の危機とも言えるくらいの、あらゆる不安に襲われてしまうのでしょう。

両親の在《あ》り方は、そのまた両親たちの在り方に影響されていますから、古いカルマは自ら断たなければ受け継《つ》がれていきます。自分の両親の良いクオリティーは受け継ぎ、悪いクオリティーは、自分自身の生活にも、結婚生活にも持ち込まないようにするのが、私たち誰もが持つ、大きな課題のひとつです。

自分の人生のルートを浄化して、せめて自分の子供には、できる限り自分の持っている良いクオリティーだけ、またはそれ以上のものを与えてあげたいと思うのが、親心というものです。自分と親との関係がどんなにひどいものであったとしても、自分が成長することで、子供には同じ思いをさせないように全力を尽くすのは、自分が親としてせめてできることです。

ある意味人生そのものが、親とのカルマの浄化作業であるとも言えるでしょう。根気よく、あきらめないで、自分と自分の愛する人のために、その努力を怠《おこた》らないようにしましょう。

改善したくてもできなかった、変えたくても変えられなかった親との関係を、恋愛で再現してしまう人もいます。そして自分で手に負《お》えない問題や、自分ではどうしようもない、パートナー自身の問題にまで身を乗り出して、自分を破壊することもあるのです。

親との関係に気づくためのチェックポイント

人間関係で次のような問題を感じる時、自分の親との関係上ネガティブな体験が、自分の中に浄化されないまま残っていないか、よく考えてみてください。

親を責めるのではなく、自分で修正しなければいけない部分として、どうしてそういうことになったか、背景などの理由について考えてみましょう。

過保護、与えられすぎ、干渉やコントロールのされすぎ、ほったらかされすぎ、暴力や暴言などで脅《おど》かされた、冷たくあしらわれた、裏切られたような気持ちにさせられたなどが、次のような問題として表われてくるようです。

●人に頼れなくて、何でも自分で抱え込んでしまう
●間違った人、悪い人も信用してしまう
●人に依存しすぎて、誰かが自分を助けてくれるのを待っている。人を当てにしすぎる、自分からは何も行動を起こさないで、人が与えてくれることや、向こうからやってくるチャンスにしか興味がなくなってしまう
●経済的に他の人を頼ってしまう
●自分を傷つける相手に同情して甘やかしてしまう
●うるさいことを言われたくないので、何でも自分で決めてしまおうとする
●親が浮気をしたことで傷ついているのに、自分は浮気を許してしまう
●自分を受け入れようとしない相手に、意地でも自分をわからせようとする
●人の話を聞く根気がなくて、少しでも自分の意見と違ったことを言われると、カッとなって心を閉ざしてしまう
●人の指摘を受け入れることができない
●自分のことなんか説明しても、わかってもらえないだろうと決めつけてしまう
●冷たくされるのが我慢できない。突き放《はな》されそうになるとパニックになる

●いつも置き去りにされないかという不安がある
●異性のことが信用できない。異性を敵対視する
●自分を傷つける人を必要以上に許そうとする
●親との関係が原因の痛みを麻痺《まひ》させるために、同じような間違いを模倣する
●自分を受け入れない人、自分を捨てようとする人にしがみついてしまう
●将来性のない関係でも別れられない。過去の関係を絶つことができなくて、過去の恋人をみんな友だちとしてキープしようとする

4章

相手を見極めるために必要なことがあります

――魂の声を聞きつつ、自分のための理想の結婚をイメージしましょう

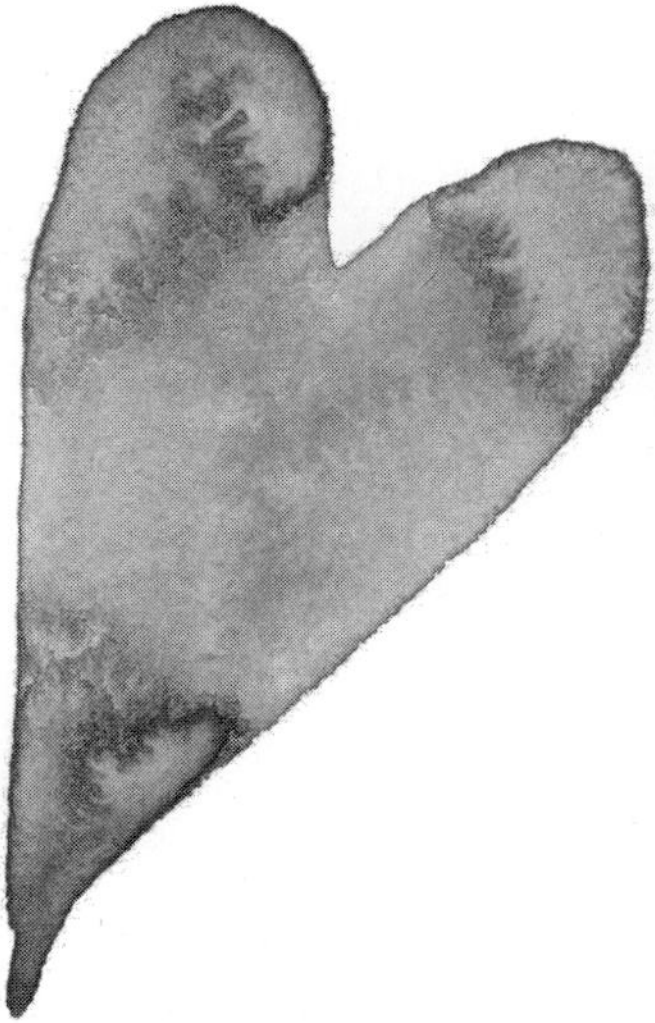

ステップ3

自分に合った結婚をイメージしましょう

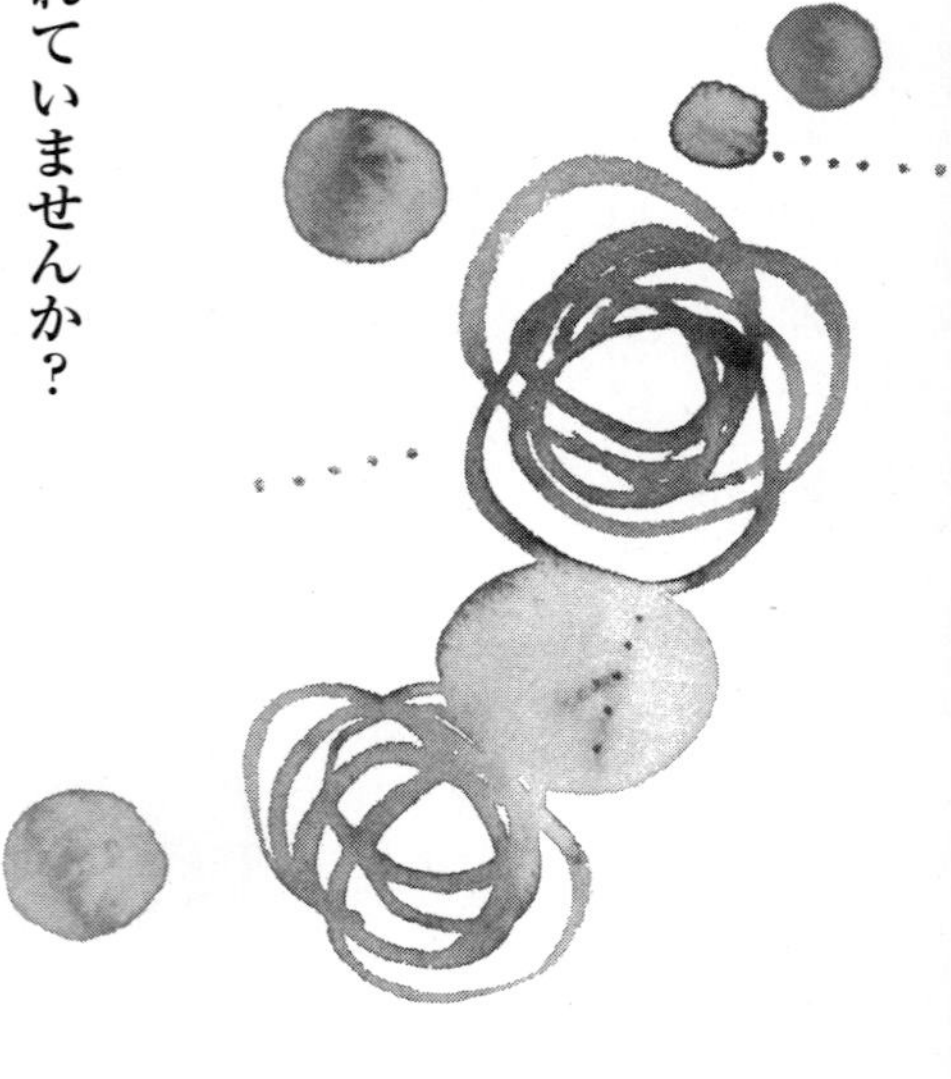

外からのイメージに振り回されていませんか？

あなたの望む結婚とは、どういうものなのでしょうか。

じつのところ、私たちの多くは、親、親戚、友人など、周囲の人の結婚のイメージ、テレビ、映画、ウェディング・マガジン、そして結婚式場の宣伝など、外からもらってくるイメージに振り回されていたりします。

もちろん、他の人の結婚を観察して、どうしたら上手《うま》くいくのか、何が原因で破局するのかなどを学ぶのはいいことですが、自分自身の結婚は、自分自身の存在と同じくらいユニークなものですから、一般的なイメージに振り回されてしまうわけにはいきません。

これを本物の理想の結婚のイメージにしていくためには、自分をとことん知らないと無理だと思うのです。結婚で成功するには、相手を見極める前に、まずは今の自分を見極めるべきでしょう。

あちこちから飛び込んでくる「結婚」のイメージは忘れて、自分のための自分の結婚というテーマで、まったくの白紙の状態から自分の「理想の結婚像」を描いてみてください。

自分がどういう人間で、自分の人生の目的は何で、自分にはどういう長所と短所があって、自分にとって大切なことは何で、今はどういう生活をしていて、将来はどういう生活がしたくて、自分が望む幸せとは何か……など細かいことを把握したうえで、その理想を一緒に実現させていけるパートナーと結婚するといった、「理想の結婚像」です。

自分とパートナーを、より完成度の高い人間にしてくれる、幸せの純度が高い人生を営むための結婚。完成度が高いということは、自分にとってどういうことなのかも考えてみてください。それには自分に欠《か》けている部分を正直に見つめる勇気が必要です。

まずは、ありのままの自分を見つめる勇気を持つことから始めましょう。

結婚観を整理してみましょう

自分の中にある結婚に対するイメージを整理してみましょう。

あなたは結婚に対して、期待や夢、そして不安のうち、どの印象が強いでしょうか。

そしてもうひとつ、経済的なことについてはどうでしょうか。お金を、パートナーとどんな形で共有できるでしょうか。

魂《たましい》まるごと結束して、お互いの片割《かたわ》れになるプロセスとして、経済的にもお互いに与え合えるだけの、愛と信頼のある仲になることが、結婚生活の土台になりますよね。

伝統的な結婚には、夫としての役割、妻としての役割という概念があります。たとえば、夫が稼いで、妻は家庭を守る。

しかし、現代の問題は、夫はちゃんと稼いでくれて、妻は家事をきちんとやってくれるけれど、じつはお互いに不満はいっぱいあって、お互い満足しているのかどうかも、よくわからない。いろいろ細かいことを相談したくても、うまく相手に伝えられない。でも表面的には問題がないので、そのまま夫婦を続けているといったカップルがたくさんいることです。

魂的に幸せとは言えない結婚生活でも、出口がなくて、普通に生活できているからよしとする、みたいなことになるのは避けたいですよね。

結婚イコール生活の安定と決めつけていたり、結婚したら何とかなるだろう、みたいな考えで結婚して、後で「いや、違った！　結婚に求めるものが違いすぎる！」なんてことにならないようにしたいです。

結婚したくないのに、無理矢理結婚しようとする人

「本当に絶対に結婚したくない」という確かな自覚があるのであれば、それをそのまま受

け入れるべきでしょう。結婚はしたくないけれど老後のことが心配とか、結婚しないデメリットの一般論に流されて、無理矢理結婚しようとすることはないのです。

または同性愛者やバイセクシャルと自覚のある人が、親や世間体を気にして、異性と結婚するべきかどうか相談されることがありますが、自分の本当の在《あ》り方を否定するのは、仮の姿で生きているということになりますから、それでは本物のパートナーに出会うこともできないでしょう。

結婚生活のゴールを考えましょう——カルマ浄化のための結婚を

結婚したらふたりでどんな生活を築き上げていくのか、ふたりのゴールは何か、自分たちのための、完成度の高い人生とは何か、どんな配偶者や、どんな親になりたいのか、自分たちの経験で、繰り返したくないことは何か、自分たちの夢は何か、結婚したい相手が見つかったら、そういったことを話し合う時間を持つようにしてください。

「そんなことわからないよ」なんて相手に逃げられてしまったり、自分もなかなか上手く考えをまとめられないかもしれません。

こういったことを考えずに結婚して、子供を持って、何とかガムシャラにやっていくというのが、これまでに一般的な結婚のスタイルでもありますし、結婚を意識するほど話しにくいこともあるかもしれません。

でも、こういったことを話しておかなければ、結婚生活が無難に続いたとしても、そのうち「これでいいんだろうか？　自分は幸せなんだろうか？」と漠然《ばくぜん》とした疑問を抱いたり、「私は愛されているんだろうか？　ただの世話係になってるんじゃないだろうか？　他にもっといい人がいるんじゃないだろうか？」なんてことまで考え始めてしまうこともあるのです。

相手のことを嫌いというわけじゃなくても、新しい人と魂を満たし合う関係をやり直したくなってしまうかもしれません。

結婚によって、経済的にも精神的にも、苦労を背負い込むとか、伴侶《はんりょ》の犠牲になったみたいに感じたくないですよね。自分が夫婦というチームとして生きていくことを選ぶにあたって、どんなチームとしてやっていきたいのかを考えましょう。

もちろん、相手が誰であれ、結婚してみないとわからない部分だらけですし、ましてや結婚相手が見つかってもいないのに、そこまで考えるのは無理と思うかもしれませんが、漠然とでもいいので、いつか結婚できた時に、そこからどうしたいのか、自分の中で温めていたアイデアを手がかりに、少しずつ自分の夢が現実化していく手応えを感じることができるようにしましょう。

せっかくの新しいスタートなのですから、それまでの自分の失敗も、辛《つら》い経験も、全部塗り替えるつもりで、自分のカルマ浄化のための結婚、相手のカルマ浄化のための結婚、それもひとつの大きな目標にしましょう。

ステップ4

理想のパートナーをイメージしましょう

相手を見極めるために必要なことがあります

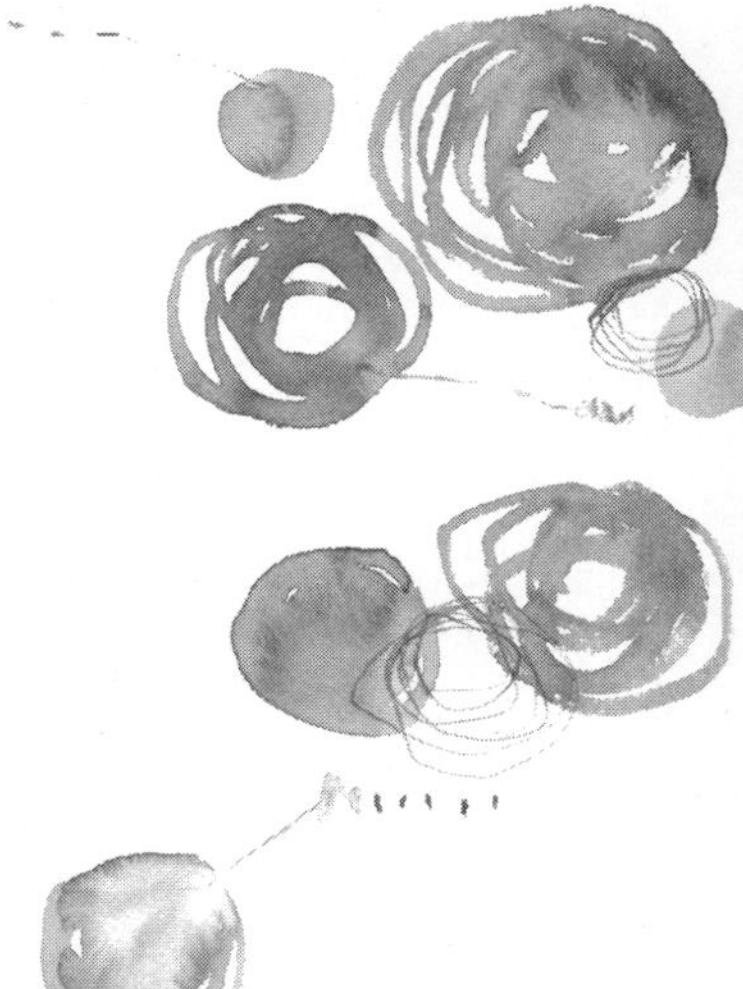

本物の愛こそが最高のヒーリング

どんなに結婚願望が強い人でも、結婚できないんじゃないかと焦《あせ》っている人でも、いざ、「あなたの理想の男性像とはどんなものですか？」と聞かれたら、答えられない人が多いのです。

好きなタイプの男性は何となくわかっていても、どういう人と人生を共にしたいのか、どんな結婚生活を望んでいるのか、と聞かれてはじめて、「そう言われてみると、理想の男性像がナイ!」「どんな人が好きかよくわからない!」と気づく人が多いのです。「よく考えると、じつは異性が苦手であるということに気づいた」なんて人もいますし。

サイキック・リーディングで、そういう人を観《み》ると、まるで雲の上の空間の、そのまた向こうに「未来の結婚相手」がいるなんて漠然と信じているような、そんなイメージです。

これではいけないでしょう。雲の上には、また空が広がっているだけなのですから。未来の旦那様や奥様は、あなたの目の前にいるべきなのです‼ 降って湧《わ》いてはこないのです。ですから、自分から歩み寄っていかないと!

魂的に考えると、異性嫌いの人は、自分を縛《しば》り付けてしまっている観念を完全に変えてくれるような、魂を解放してくれるような人を見つけるのが課題なのです。

人間不信、恋愛恐怖症などに陥《おちい》ってしまった人はなおさら、本当に信じられる人、本当に自分を愛してくれる人と実際に出会うことが、最高のヒーリング方法です。自分を信じ、人を信じ、自分を愛し、人を愛している人と、本物の愛を育《はぐく》める結婚をする必要があるのです。

さて、「どんな人となら結婚できると思いますか？」「あなたの理想の伴侶は？」と聞かれたら、あなたは答えられますか？　きちんと、「こういう人なら結婚して上手くやっていけると思います」と説明できますか？

「そういえば……そんなこと考えたことがない!!」と頭が真っ白になって、「優しい人で、尊敬できる人なら……」くらいは答えられても、その「優しい、尊敬できる人」というのは、どういう人かと尋ねられると、それ以上答えられない——そんな感じじゃないでしょうか？

それに、「○○さんのような人」と芸能人を例に挙げたり、「お金持ちと結婚したい！」と私欲を露《あらわ》にしたり、「自分と結婚してくれる人なら誰でもいい」なんて答えは、非現実的で、実際の自分の結婚には通用しないのです。

「好きかどうかは、会った時の雰囲気で決めます」なんて言ってる人にもヒヤヒヤさせられます。

この「理想の伴侶」というのが、どんな人かは、残念ながら誰も教えてくれません。親のアドバイスや直感は、かなり信頼できますが、子を思いやるあまり、かなり偏《かたよ》っているかもしれません。他にも信頼できる誰かにアドバイスを受けることができたとしても、最終的には、自分で知るしか、それを実感する方法はないのです。

まずは自分の偏ったアイデアや、一般的なイメージに縛られて、本当の理想がわからなくなっていないか、考えてみてください。アイデアやイメージは本当の自分を反映して出てきたものでないと、使い物にならないのです。

まずは「自分に合う人」「自分を愛してくれる人」、そして「自分も愛せる人」というのが第一条件ですよね。

「自分に合う人」というのは、一般的な食べ物や趣味などの好みが合う、といった実生活上のことが合うのも大切ですが、それ以上に何よりも感性の部分で、一番自分が大切にしているところで共感を持てることが重要ですよね。

1章でお話しした素材の人、つまり「お互いの片割れとして完成していく素質《そしつ》」がある人が、本当に自分に合う人だと思います。

魂的な観点が同じであれば、あれこれ試行錯誤《しこうさくご》をしても、最終的にはいつも相手の出した結論を支えてあげられると思うのです。相手の中に、まるで自分自身を観るようなところがあるとか、同じ観点で物事を観ることができると、安心できます。

そして、「自分を愛してくれる人」というのは、そういった感性や魂のつながりを強く感じて、自分を愛《いと》おしく思ってくれる人のことだと思います。

お互いに、自分のことより相手のことを最優先して考えている、というのが愛の証拠ですし、とりあえず「愛し合ってるから、ふたりでいれば、どんな苦境も乗り越えられる」という安心感を与え合える関係でなければ、ふたりでいる意味がないじゃないですか。

自分が望むように、相手にも必要なだけのサポートをしてあげられるでしょうか。お互いに最初から無理な期待をしあっては、その関係は間違いなく破局に向かってしまうでしょう。

相手に「変わってもらいたい」と感じる時、本当にその人を望んでいるのか、冷静に考えてみましょう。

よく、自分の本質的な部分を、根こそぎ変えてほしいと要求されて、そこから大喧嘩や別れ話になったというケースがありますが、じつは変わってもらいたいのではなく、違う誰かを探し始めているからかもしれないのです。

人間はユニークなものですから、必ず違いはあります。その違いを上手に受け入れ合って、お互いのために、献身的に人生を投じることができるのが愛ある証《あかし》です。

自分のことをよく知らないまま相手を選ぼうとするのは、自分のサイズも知らずに、見た目だけで洋服を買ってみたら、全然着れなかったとか、似合わなかった、というのと同じことです。

どんな人が自分と合うのか、どんな人なら愛せるのか、考えてみてください。さらに自分の一番弱い部分は何で、どんな支えが必要なのかも、正直に考えてください。

相手が自分に何を求めているのかを知りましょう

自分をよく知ったら、今度は相手のこともよく知って、自分たちがお互いのために合うかどうかを判断しましょう。これは当たり前のプロセスで、そのためにデートを重ねるんじゃないの?と思われるかもしれませんが、これが意外とできていない人が多いのです。自分の希望や憶測《おくそく》で相手を見てしまうからです。

相手に少し気に入ったところがあると、無理矢理合わせようとしてしまったり、そのうち合ってくるんじゃないかと、勝手な期待をしているかもしれないのです。

「結婚したい」という気持ちが先走って、どうも後で問題になりそうなところがあるのを感じても、「結婚したら何とかなるだろう」と目をつぶってしまうのは要注意です。問題点を無視して妥協するのと、解決方法の有無を知って妥協するのでは、結果が違ってきますから。

相手が自分に何を求めているのかも知りましょう。もちろん時間がかかるでしょう。でも自分が相手の求めている役割を果たせない場合、やはりその関係に不満がつのってしまいます。

いくらお互いを愛していたとしても、相手のために自分の本質を変えてしまうことはできません。結婚生活は、お互いの本質のぶつかり合いです。それに耐《た》えられるでしょうか。その人の本質にない何かを求めて、相手を責めるわけにはいきませんし、自分だって、自分でない誰かになれと言われても無理なのです。

自分の中のスタンダードと最低ライン

私たちの中には、生まれ育った過程でできあがった「自分の生活水準」というものが、ほぼ固定されています。慣れ親しんだ生活水準は、なかなか変えられないということです。どんなに愛し合って一緒になろうとしても、相手と自分の求める生活の差があまりにも大きい場合、それを埋《う》められなければ、関係そのものに破局がきてしまうのです。

私たちは最低限、親が与えてくれたものと同等か、またはそれ以上の生活を、自分の結婚生活にも求めるのが自然なのです。

たとえば住む環境やスタイルは全然違ったとしても、食べ物の質や買物の仕方、掃除の仕方、余暇の楽しみ方、コミュニケーションの取り方など、生活のいろんな部分で「最低限これだけは守りたい」というクオリティーが誰にでもあると思います。それらが親が与えてくれたクオリティーを下回るようでは、劣等感を抱いてしまったり、自分やパートナーを責めてしまったりする結果になりやすいのです。

女性は自分の父親を下回るクオリティーの男性には、そのうち我慢ができなくなってしまいます。稼《かせ》ぎがいくらあるかということよりも、仕事に対する姿勢とか、生きる姿勢、愛情のかけ方などです。

また男性は、自分の母親のクオリティーを下回る女性には、物足りなさを感じるでしょう。

このクオリティーとは「まるで自分の親にそっくりな人」というのではなく、親から深く植え付けられた、ある一定のクオリティーで、自分が大切にしているものです。

たとえば、一生懸命に働く父や母の姿を見て育った人は、あまり労働意欲のない相手では物足りなかったり、尊敬できなかったりするでしょうし、愛情深く育てられた人は、愛情表現の下手《へた》な人や、愛情薄く育てられた人のことを理解するのが難しいと思います。

質の良い食生活で育った人には、そうでない人の感覚を受け入れることができないでしょうし、経済観念のしっかりした人には、お金にだらしない人の気持ちはわからないでしょう。もの静かに育った人にとって、落ち着かない環境で育った人と波長を合わせて暮らすのは、肉体的にも精神的にも辛いかもしれません。

いくら相手を愛していると思っても、あまりにも我慢することが続いたりすると、「生活水準をここまで下げてまで、この人と一緒にいる意味があるのだろうか？」と感じるようになるのが、自然なのです。

もちろん自分の考えを変えることで、それを乗り越えられるケースもあるのですが、たいがいは相手の水準が低すぎることを責めてしまうことになるのです。

そして、どれだけ相手に柔軟性があるかにも関わってきますが、基本的に、最初から相手にないクオリティーを、結婚後に求めることは、ほぼ不可能だと考えて、どうしても経済観念やその他の価値観が合わせられない人とは、結婚をするべきではないと思います。

贅沢《ぜいたく》な暮らしに慣れている人は、その暮らしを結婚相手に求められない場合もあるでしょう。買物をするたびに相手から贅沢だと指摘されてストレスになったり、買いたいものを買わせてもらえないなどといったことが、ドメスティック・バイオレンスにまで発展することもあるのです。たとえば夫が稼ぎ頭になると合意したうえでの結婚でも、それが負担になって、離婚にまで発展することもあります。

完全に魂中心の精神世界に生きている人でない限り、実生活上、自分が我慢して相手に合わせられる限度というのがあります。それがどの程度なのかを、自分に正直に知りましょう。

それに、どんなに自分の価値観が正しいとか、自分の経済観念のほうがしっかりしていると固く信じたところで、まったく育ちの違う人にそれを押し付けるわけにはいかないのです。

自分は積極的に仕事をして、しっかり稼いで生活を豊かにしていくことが正しいと考えていても、パートナーが、それなりに無理しないで働いて、節約しながら、質素に生活できればいいと考えるような人なら、それをそのまま受け入れられなければ、その関係を保っていくことが難しいでしょうし、相手に自分の観念に基づいて変わってもらうことは、ほとんど無理に等しいと思います。

自分の生活習慣チェック

いくら相手を愛しているからといって、あまりにも生活習慣の違う人と長年一緒に暮らしていくのは大変なことです。もちろん誰と一緒になろうと、それなりのズレはあるものですが、**一番理想的なのは、お互いの生活にすんなり順応できるくらい、生活していく感覚が似通っている人と一緒になることです。**いくら「愛しているから、上手くやっていくために、どんな努力もする！」と誓《ちか》ったところで——経験済みの方はよくわかるでしょうが——その違いがあまりにも大きいと、やはり限界がくるものなのです。

もちろん、性格や好みがまったく正反対のパートナーと、完全に割り切って、上手くやっていける人もいます。はたして自分がそういうタイプなのか、知っておいたほうがいいでしょう。でないと変な孤立感が出てきてしまいますから。

次の項目について、結婚前に確認しましょう。

（1）金銭感覚と経済観念

経済観念が大きく違うと、千年の恋もあっというまに冷《さ》めてしまいます。最初はお金がない相手でも「愛してるから」「自分がサポートしてあげるからいいや」と思えても、相手にまったく経済的な向上心がなくて、お金の遣《つか》い方もめちゃくちゃ、そんな状態がずっと続くと、「いいかげんにして」と思ってしまうものです。「いつかは稼げるようになってくれるだろう」と信じて、何年も夫を支え続けたあげくの果て、結局は全然働かない人にしてしまったというケースは、よくあります。

または、お金は稼いでいても、金遣《づか》いが荒くて、お金の遣い方をパートナーと相談することなど、まったく考えない人も問題です。

自分は経済的な向上心が強くて、欲しいものは手に入れる努力をするタイプなのに、自分のパートナーが経済的なことにはまったく無頓着《むとんちやく》だったり、お金がなくても欲しいものに散財してしまって、いつも生活費に困っている人だったり。

最初は「それでも自分さえしっかりしてればいいや」くらいに思うかもしれませんが、後々になって何かと問題になります。それを最初から覚悟していたとしても、相手が全然努力してくれなかったり、何かと自分が相手の出費を助けてばかりになると、愛情は冷めて怒《いか》りに変わってしまう可能性は大です。

お金に対する考え方は、結婚する前に話し合っておくべきですね。

（2）食生活

食べ物の好みが同じ人と一緒に食事を楽しむということ以上に、食生活というのは、その人の生き方そのものや、性格が反映されることに注目してください。

たとえば、マクロビオティックやヴィーガニズム、ローフーディストといった食生活は、食生活という以上に、自分の生き方、人生のとらえ方として、個人の生活の基盤になるものです。ですから、そういった食生活を選ぶ人は、それをよく理解してくれる人と人生を共にすることが、とても大切だと思います。

ひとりが菜食主義で、もうひとりはお肉が大好きというカップルでも、お互いが一緒に生きていく意味をよく理解していれば、ふたりの関係にそれほど影響は及ばないはずです。ただ、ジャンクフードや砂糖の摂《と》りすぎ、暴飲暴食などで、肉体や精神に悪影響がある人は、そういった肉体的な理由からくるイライラ、短気、ひきこもり、ネガティブ思考、ウツ、体の不調などによって、関係が壊されてしまう場合があります。

魂の結びつきができる以前に、肉体の不調和によって、すれ違ってしまうようでは、明るい未来を共にすることは望めません。

タバコやお酒などの嗜好《しこう》品の好き、嫌いについても同じことが言えます。どうしてもやめられない、どうしても受け入れられない、ということがありますから、長い目で見ると、妥協はしないほうがいいでしょう。

（3）暮らし方

部屋の片付けができない人と、きれい好きな人の組み合わせ、何でも処分してスッキリ暮らしたい人と、何でも取っておくのが好きで、ゴチャゴチャした部屋が心地よいと感じる人の組み合わせ、お風呂にしょっちゅう入って身体を清潔にしていたい人と、シャワーは最小限にしか浴びない、手もめったに洗わない、足が真っ黒でも気にならなければ、歯もめったに磨かないでも平気なような人の組み合わせというのは、意外とよくあるものです。

これはお付き合いしてみないとわからない部分なので、精神的に深入りしてから、「こりゃマズイ……」と気がつくことのほうが多いのかもしれません。これも双方から歩み寄っていかないと、ずっと正反対のままでは、一緒に暮らすのが辛くなるでしょう。

テレビをつけっぱなしで生活しないと落ち着かない人や、静かな部屋でしか暮らせない人もいますし、朝型人間、夜型人間、灯《あか》りを消すと寝られない人、真っ暗な部屋でしか寝られない人、そういった対照的な生活習慣の人たちがカップルになる場合、部屋の間取りなどの生活環境を上手に設定するとか、生活時間帯の違いを上手く調節して、心地よく共存していく努力ができるかどうかなどを知る必要があるでしょう。

「恋は盲目」と言いますが、愛の効果を上手に活用しながら、お互いから学んで、生活を向上させていくために、パートナーとしっかり話し合ってください。

「私と全然違うのね。面白いわね」といったユーモアのあるとらえ方ができるといいのですが、毛嫌いするようになると、すべてが嫌になってしまいますから。

（4）コミュニケーションの取り方

どうしても口下手な人や、愛情表現の下手な人がいます。これは親との関係に影響されるところが大きいのですが、コミュニケーションやスキンシップの仕方を知らない人をパートナーに持ってしまったら、とにかく根気よく、いちいち気持ちを聞いて、相手の感情を引き出してあげるとか、自分から手を取ってスキンシップを求めるとか、遠慮しないで、自分が求める愛情表現の仕方や、コミュニケーションの取り方を、相手に教えてあげてください。

お互いに口下手で、コミュニケーションが全然取り合えず、相手の顔色や、自分の勘だけを頼りにする人もいますが、間違いを避《さ》けるために、どんなちっぽけな疑問も、愚問も、思い込みも、何でも話し合える仲になりましょう。

たとえば、浮気を疑うような電話が、携帯電話にかかってくるとします。疑っちゃいけないという気持ちはあったとしても、「おかしいな」と思ったことは、パートナーとして自分が納得できるように、説明してもらう権利があると思います。それに、曖昧《あいまい》な気持ちを引きずらないで、お互いの気持ちをはっきりさせられるような環境を守るのも、自分の責任ですから。

そうすることで、自分の直感が正しく働いているか、または、ただのジェラシーなのか、自分の状態も確認しましょう。

変な嫉妬《しっと》や疑いが積もり積もって爆発する前に、何でもオープンに話せる間柄を創ってください。それができない相手とは結婚するべきではないでしょう。

（5）何でも分け合うことの大切さを知る

結婚というのは、完全に二人三脚の人生です。何でも分け合って、お互いの人生の一部にするようなつもりでいないと、本当の片割れにはなれません。何かと「ぎこちなさ」が残ってしまいますし、そんな一体感のない結婚は、あまり楽しいものではないんじゃないでしょうか。

私が主人と出会った当初、私たちはお互いに、大変独立心の強い者同士なので、主人はコミットした関係を育てるには、何でもシェアーすることが大切ということを強く主張しました。

何でも半分ずつ分けて食べるとか、できる限り一緒に行動して、ひとりでできることも一緒にやる習慣をつけるとか、こういったことは意外と面倒くさくて、私にとって簡単ではありませんでした。こういった訓練が、私の結婚の基盤になっています。

（6）親との接し方と、これから築いていく「家族」に対する考え

双方の実家の家族の性質とか、コミュニケーションの仕方、それに自分たちがこれから築いていく理想の家族について話し合いましょう。実家の悪い風習を捨て、良い風習を守り、新しい家族は自分が創る。より理想の家庭にできるようにしましょう。

5章

「魂のパートナー」を引き寄せる方法

——大切な人と出会える自分になるために

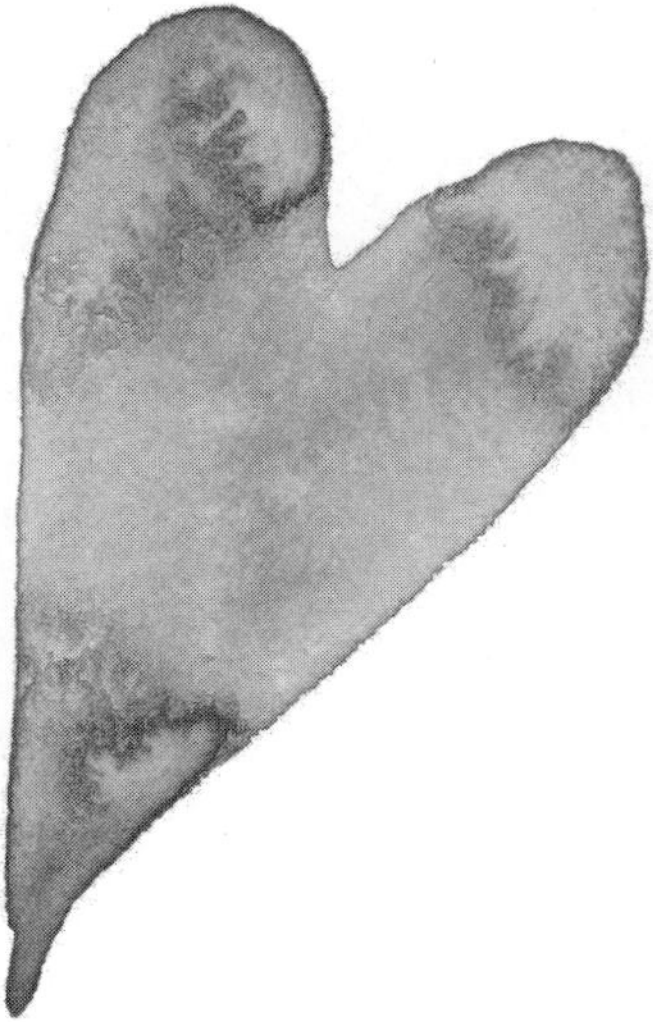

ステップ5

経済的、精神的に自立しましょう

幸せな結婚をしたかったら、まず自立しよう！

「自分らしい結婚」をするためには、自分の魂《たましい》を解放して自由になること。そして自分と同じくらい魂の自由な人と結婚すること、結婚して一緒に自由な魂になっていく、そのための結婚をすることがとても大切だと思います。そのためにもお互いに、経済的、精神的にも自立しているべきだと思うのです。

結婚とは支え合うことではありますが、お互いに精神的にも経済的にも、自立している者同士の間で支え合ったほうが、バランスが保ちやすいと思うのです。

ここまで書いてきたように、男女には向き不向きの大きな違いがあります。母親と父親間で、交代不可能な能力の違いもありますし、個人によっても、役割の向き不向きがはっきりしてきますから、理屈で何もかも平等に半分ずつ分担するのは、合理的ではないと思います。それぞれの能力を活《い》かして、上手《うま》く役割分担をして、二人三脚みたいな一体感が生まれると、「夫婦っていいなぁ」って、しみじみ幸せになれるものです。

問題なのは、人間は自立の道を絶《た》たれると、どうしようもなく不安になってしまうということです。**「自分ひとりじゃ生活できない」という思いが意識の奥底に根《ね》付いて、これが間違った発想で悪く影響すると、パートナーをコントロールしようとしてしまったり、しがみついたり、いつも漠然《ばくぜん》とした不安に包まれてしまったりするのです。**

経済的な自立といっても、べつに双方が同じくらい稼《かせ》いでいないといけない、というのではなくて、「お互いに自分のことは自分でできる」という自信が持てればいいのです。まったく働くことを経験しないまま結婚する人も、いざとなったら自力で何とかするという覚悟があればいいでしょう。

それに稼いでいれば自立できているかというと、そうとは言い切れません。今の時点では働いていても、ある日突然働きたくなくなって、仕事を辞《や》めてしまったり、何らかの理由で、働けなくなったりすることもあるのです。

仕事は続けていても、精神的には自立していない人もいるのです。経済的な安定は、精神面の不安定さを補うためのもので、表面上はそれがわからないことがあります。安心して頼れると思ったら、逃げられたり、強い人かと思ったら、全然そうではなかった、ということがあります。

経済的、精神的に自立していない相手を、片一方が支えても、さらに依存を強くさせる悪循環《じゅんかん》になります。相手を必要以上にコントロールしすぎたりする傾向があると、「依存」しているという可能性がありますから、気をつけてください。

まずはお互い精神的にも経済的にも自立していて、魂的に自由で幸せであるということが、幸せな結婚の基盤になると思うのです。

ステップ6

魂を解放するファッションで自分の本当の魅力をアピール!

きれいになるとか、ダイエットするなんて後回し

「自分に合った結婚相手」を見つけるために、「きれいにならなくちゃ！　痩《や》せなくちゃ！」というのは後回しでいいのです。そんなことは、魂レベルで準備をして、魂レベルでターゲットを見極めてからやればいいのです。はっきり言って、挙式の日が決まってからでもいいくらいでしょう。

正しいターゲットを見極めないまま、ただ外見を磨いても、それに魅《み》せられて寄ってくる人は、自分が求める相手ではありません。

太めの自分を目の前にして、「ボクは痩せたコが好き」なんて言ってる人には、いくら急激にダイエットしても好きになってもらえないでしょうし、自分が太ろうが、痩せようが、メイクしていても、素《す》っぴんでも、変わらなく愛し続けてくれる人を見つけないといけないのですから。

さらに言うと、一番ブサイクで最悪な気分の日に、「かわいいね」って言ってくれるような人を最愛の夫に持ちたいじゃないですか。

ありのままの自分に自信が持てるメイクとファッション

まずは魂レベルで自分を見つめて、魂レベルで自分を解放することにフォーカスするために、魂レベルで自分を解放する美容やファッションについて考えてみましょう。これは男性にも言えることです。

あれこれ気にして自分を制限するファッションじゃなくて、より自分らしさをサポートしてくれる、ファッションやメイクです。
ちょっとくらい食べすぎて、お腹《なか》が太めになっても気にならないカットのシャツ、足がむくんでもカバーしてくれるシルエットと長さのスカートやパンツ、飲みすぎで顔がムクれても、それがセクシーに見えるメイク、面倒くさい時でも、寝坊した時でも、それなりにシャンとして見えて、それでいて楽な着心地の服、最悪洗いっぱなしでもオッケーなヘアスタイルなどなど。

自分をがんじがらめにするプロセスから救い出してくれるファッションや美容にフォーカスすると、服やメイクを見る目が変わります。

それに、「足が太い、腕が太い、お腹が出ている、顔が大きい！」なんて、自分が気に入らないところを、ひとりで気にしだしたらキリがありません。自分ほど、そんなことを気にしている人はいないんです。他の人にしたら、どうでもいいことで、ましてや魂のパートナーにしたら、本当にどうでもいいことなんです。

そんなことを指摘するような人とは、結婚するべきじゃないですしね。

美しさは、見せ方しだい！

人間の魅力とか美しさは、原型の形じゃなくって、見せ方で決まってくるものです。だから、自分の一番いいところを強調する。どこから始めたらいいかわからなければ、まずは髪型から。これは腕利きの美容師さんに頼めば、カッコいい髪型にしてもらえます。そして眉毛、指先、チークの入れ方、靴など、先端から決めていきます。

アメリカでは一般的に、美しい歯並び、アゴ、眉毛、頬骨を強調すると、ビューティフルに見えるとされています。そして、けっして他の人と自分を比べるのではなくて、自分をとことん見つめて、自分のパーツすべてが、一番良く見えるように工夫してみる。それも頑張らなくても自然体でカッコよく見えるように。

人の魅力というのは、「私にはこれだけしかないけど、持ってるもの全部活かしてます！」みたいな時に輝くのです。

もともとないものを無理矢理自分にくっつけようとしても、それを魅力的に見せるのは難しいみたいです。

まずは、ありのままの自分に自信を持って自由になりましょう。ファッションや美容は、それをサポートするためにあるのです。

アメリカでは、どんなにプラス・サイズの人だって、上手にオシャレしています。優れたデザインの服は、妊娠9カ月の私にだって、それなりのシルエットと肩、膝下、手首などにチャーム・ポイントを与えてくれました。体重がちょっと増えたら着られなくなるような服はパスです。

「今の自分じゃ出会いの場にも行けない」なんて悩まないで、自分のいいところをどうやってアピールするか考えてください。**そして仕上げは、何と言っても魂と性格の魅力です！　これがなければ、どんなに外見をアピールしてもダメです。そして自分自身がハッピーでなければ、美しさは出てきません。**

自分の在り方や、生き方に歪《ゆが》みがなく、真の自分を生きている幸せが伝わってくる、そんな美しさが一番魅力的なのです。

ステップ7

積極的に出会いを経験して、理想のパートナー像をしぼっていきましょう

出会いの場所へ

職場の環境などにもよりますが、一般的には、いったん社会人になってしまうと、学生の頃と違って、出会いのチャンスはグーンと少なくなる人のほうが多いみたいです。

年を重ねるごとに、まわりにいる独身の人も少なくなってきますし、仕事に追われ、帰宅時間も遅くなって、会社と自宅の間を行き来するのが精一杯で、出会いを求める余裕な

んてなくなってしまう状態が続くと、「出会いに恵まれない運」「結婚できない運」を自分で創って、それにドッカリと乗っかってしまいます。

自分から結婚に発展する出会いに尻込《しりご》みしていては、好調なスタートは切れませんよね。

なのに、心のどこかで失敗を恐《おそ》れて億劫《おっくう》になっているならば、恋愛するにも勇気がいることを考えてください。結婚と考えると、ガードが固くなりそうですが、どうして失敗を恐れるかというと、自分が何に向かっているのか、わからないからでしょう。目的地も決めずに電車に乗るようなものですね。どこか素敵な場所に行きたいのはわかっていても、そこがどこなのか、どうやって行けるのか、何も見当をつけないまま、電車に飛び乗るようなものです。

お買物に出かける時に、「何が買いたいかわからないまま出かけたけれど、たまたま気に入ったものがあって、買ってみたら意外と成功だった」なんてこともあるのですが、これだって、まずは「自分が出かける」という行動から始まっています。そして不意に好きなものに出会ったとはいえ、その潜在意識の中には、「自分が探しているもの」のイメージがあったわけです。

そして「自分に結婚相手が現われるのを待つ」と言うよりも、現われやすい状況を創るようにしましょう。事実、「出会いがない！」と言う人のほとんどが、毎日の生活パターンが決まっていて、行動範囲も決まっていて、通勤、通学路も、毎日顔を合わせる人もいつも一緒、といった感じなのです。

朝、バタバタと会社に出かけて、夕方や夜遅くに、そそくさと家に帰る生活の繰り返しでは、いくら何でも出会いのチャンスは生まれないでしょう。

泉《いずみ》を掘り当てたかったら、その泉のある場所まで自分から出かけていかないといけないのです！　それも、「絶対に見つけるぞ！」といった決意でです。

情熱を傾けられる場所で、きっと出会えます

結婚したかったら、結婚相手に出会えることを祈りながら行動してください。「どこに行ったら、自分の求めている人に出会えるんだろう?」という疑問は、誰でも持つものです。まずは自分が生き生きできる場所に行ってください。でないと、人にアピールできる魅力的なエネルギーは出せませんから。

自分のお気に入りの場所に行きましょう。自分がキラキラ輝けるような、自分が魂の奥底から幸せを感じられるような、そんな場所です。

誰だって、幸せそうな人に魅力を感じるものです。それに、自分がすっごく寂《さび》しい時に近寄って来る人は要注意です。

人は自分がやるべきことを、やるべき姿でやっている時に、自分自身が一番輝きます。そんな時に、出会うべき人に出会えるものです。

とにかく自分の仮の姿ではなく、本来の姿を見てもらうこと。この本来の姿というの

は、家でゴロゴロしているとか、お化粧をしてない姿というわけではなくて、自分の思いの通りに生きている姿ということです。

仕事関係の集まりだとか、勉強やボランティアなど、自分が愛情と情熱を持ってやれることに関係する場所に行くのもいいでしょうし、「自分にとって最高の結婚相手に出会える場所に、連れて行ってください！」と、天にお祈りしてから、何となく直感的に行ってみたい場所に旅行に出かけるのもいいでしょう。

自分のすべての感覚が研《と》ぎすまされている時は、目標にどんどん近づいていけるはずです。

とにかく家と会社の往復とか、いつも同じ顔ぶれの人にしか会わないような生活パターンを変えてみてください。信頼できるお友だちに人を紹介してもらうのもいいでしょうし、魂レベルで通じるものを感じる人と一緒に、どこかに出かけたり、新しいことにチャレンジするのもいいでしょう。

パウダーピンクのエネルギーを放《はな》つイメージで

温かい愛情を示す「パウダーピンクのエネルギー」を自分の中に充満させて、それを全身から放っているようなイメージをしてみてください。

パウダーピンクの色を思い浮かべたり、パウダーピンクの小物や服を身につけるのも効果的です。不思議と知らないうちに表情が和《やわ》らいで、話しかけやすい印象になりますよ。

そして、勇気を持って出会いを受け止める心の準備もしましょう。

もちろん自分が受け止められないタイプの人や、避《さ》けたいタイプの人が飛び込んでこようとするかもしれませんから、エネルギー全開で誰にでも愛想よく歩き回る、というのではなくて、好感の持てる相手を見つけたら、まず温かく迎え入れる勇気を持ちましょう。

同時に、苦手な人や、ピンとこない人はキッパリお断わりする勇気と、本当に求めている人を見つける自信も持ってください。

異性と話すのが苦手な人は……

異性と話すのがとにかく苦手という人もいることでしょう。異性に対するトラウマで怖いとか、ただ単に恥《は》ずかしがり屋とか、原因はいろいろあるでしょうが、とにかく慣れるしかありません。人と話をするチャンスのある仕事をしてみるとか、ボランティアで人と関わってみるというのもいいでしょう。

自分がどう思われていようが気にしないことです。正々堂々としていればいいのです。本命の人は、自分のことを正しく理解してくれる能力のある人ですから。

異性と友だちにはなれるけど、恋愛関係になれない人

異性とはすぐに友だちにはなれるけど、恋愛関係に発展しないという人もいます。この場合は、自分が魂レベルで魅力を感じる人と出会っていないということでしょう。今の自

分に自信がないとか、自分の生活に魅力を感じていないなど、今の自分に満足できていないと、恋人を迎え入れる気持ちにもなれないものです。

今の自分の生活が大好きで、恋愛によりペースが変わってしまうのが嫌《いや》で一線を引いてしまう人も、異性への不信感が根付いているのかもしれません。

いずれにせよ、自分の中で片付いていない課題があるはずで、過去、現在の自分から、未来の自分へと、どう変遷していきたいのか、方針が観《み》えないのが原因かもしれませんね。

片想い、肉体関係だけで終わってしまう人

「いつも片想いばかり」「肉体関係だけで終わってしまう」という人もいます。

この場合は、「恋愛したい」という気持ちばかりが先走っているのかもしれませんね。

好きな人ができた時点で、自分の中での恋愛感情がいきなりピークにまで盛り上がってしまって、相手に伝わらないまま終わってしまったり、先に盛り上がりすぎて、相手がついてこれなかったり、ビックリして逃げちゃったり、そういうケースってあるものです。

男性は特に「いったん肉体関係を持ってから、付き合うかどうか決める」と考える人も多いですから、それに合わせていると、「肉体関係を持った時点でいつも関係が終わる」なんてことを繰り返すことになってしまいます。

どんなに好きな相手でも、「肉体関係だけを求められていそうだな」と感じたら、その直感は当たっていると思ってください。そしてそれ以上の関係にはなれないことも覚悟してください。

自分の気持ちが定まらないまま、相手の要望に応えて肉体関係を持ってしまっても、それ以上、自分の相手に対する気持ちが発展するということは、ほぼ望めません。

魂のつながりのない人の要望に応えなくてもいいのです。そこまでして相手を引き寄せる必要はないのですから。

どっちみち、肉体関係重視の人との関係というのは、時間が経《た》つと終わってしまうものですし、サバイバルのための本能によって結ばれている関係なので、「お腹がすいた時に食べる」みたいな感覚です。

そんな肉体的欲求で依存する関係ではなくて、いつも魂でつながっている一体感を感じ続けられる関係でいたいですよね。

ステップ8

相手を見極めたら迷わない!

結婚したいなら、遠慮しないで自分で話を推《お》し進める!

なかなかプロポーズしてくれない相手に、自分から先にプロポーズすることを、「自分が先に降参《こうさん》すること」なんて感じて、自分から結婚を切り出すのは気が引けるという人がいます。しかし自分の人生ですから、いつまでもズルズルと待つなんていうのは危険な賭《か》けです。

「結婚を切り出したら別れ話になりそうで怖い」という人もいますが、そんな関係こそ引きずらないほうがいいでしょう。

結婚に関してどう考えているのかは、聞いてみるまでわからないものです。本人もわかっていないかもしれません。

相手も自分と同じように、結婚したい気持ちが高まっているのなら、自然と結婚の話になるでしょう。自分はそろそろと思っているのに、相手は何も言ってこない場合は、何か問題があるものと考えましょう。

自分が「今だ！」と思ったら、とりあえず相手にその気持ちを伝えるべきです。いざ結婚、というところまできて、じつは相手の結婚観が歪《ゆが》み切っていることが発覚して、それを浄化するところから出直さないといけない場合もあるのです。

本物の愛なら、マイナスになることはありません

相手が本当にあなたを愛してくれているのなら、結婚する心の準備ができていなかったとしても、ありのままの今の自分の気持ちを精一杯説明してくれたらいいのです。なのに、そこでケンカになったり、結婚する意志がないようだったら、あなた自身も将来のことを考えて、その関係から脱出することを考え始めるべきかもしれません。

もちろん、時間が経てば、相手の気持ちが変わって結婚したいと言い始めることもあります。でも、それまで待つかどうか、待つに値《あたい》する相手なのかどうかを、冷静に判断しないと、期待して待ったはいいけど、本当に結婚に到達できるかどうかも、または結婚できたとしても、その先どんな困難が待ち受けているかもわかりません。

そして、あなた自身も一生涯を通して、そんな相手と支え合っていく決心があるのかどうか、自分の手に負《お》える相手なのかどうかも、見極めてください。

今までお話をしてきたように、人の結婚観というのは、その人の性格の良し悪《あ》しにかかわらず、経験によって完全に屈折している場合がありますし、結婚について深く考えたことのない人と、いきなり生涯をかけた共同生活をスタートさせてしまうのは、本当に危険です。

ですから、出産なども含め、将来の目標のために、冷静に結婚までの時間制限を決めるのはいいことだと思います。大恋愛した勢いで、そのまま結婚してしまう人には、こういった話は関係ないのですが、冷静に結婚をとらえすぎて、足踏《ぶ》みしている人は、冷静に計画した結婚を考えればいいと思うのです。

幸せな結婚をしたいなら、相手に自分の運命を任せるのではなく、お互いの人生をお互いの意志でひっぱっていくべきでしょう。

遠慮せずに結婚の話を切り出してみてください。**本物の愛があれば、それがプラスにはなっても、マイナスにはならないはずですから。**

結婚の心構えのない相手を避ける

結婚はタイミングがすべてと言いますが、何のタイミングかというと、自分も相手も同じように結婚したいという気持ちが高まっているタイミングです。どんな理由であれ、まだまだ結婚したくないと思っている人とは、タイミングがズレているものとして、あきらめてしまうことをお勧めします。

もちろん相手のことを好きな気持ちが強ければ、そんなに簡単にあきらめてしまうことはできないものですが、いつかあなたのために、相手が変わってくれるという期待はできない場合が多いのです。いつまでも独身でいたい人や、いつか結婚する気があっても、今は独身生活を楽しんでいたい人の気持ちが変わるのを待っていたら、どんどん時間ばかり経ってしまいます。

よく、「そのうち自分を結婚する気にさせてくれる人が出てくるんじゃないかと思う」

などと、誰かが魔法でもかけてくれるんじゃないかといった、ファンタジーを抱《いだ》いている人もいますが、現実はそんなものではないと思います。

もちろん「この人となら結婚できる」と思わせてくれる人に出会うことは、キッカケとしてはとても大きな役割を果たしますが、それだけでは結婚は上手くいかなくて、失敗する可能性が残ってしまいます。気持ちだけでは結婚生活は維持できませんから。実際に生活していくということが結婚の土台で、それは恋人と暮らすのとも全然違います。

結婚を前提にお付き合いできる相手を探したいのであれば、最初から、「私は結婚したいと思っているので、そのつもりのない人とは、お付き合いしたくないんです」とはっきり伝えてしまいましょう。

どんなに素敵そうな相手でも、結婚するつもりがなくて、ただデートを楽しみたいと思っているような人では、時間を無駄にしてしまいます。

ましてや子供を持ちたいと思うなら、ストレートに、「私は自分の子供のお父さんにふさわしい人を探しています。早く結婚して家庭を持ちたいので」と断言してしまうのがいいと思います。もちろん同意のうえで結婚しても、子宝に恵まれないこともあります。たとえそうなったとしても、最初から魂の伴侶として結婚を決めて、何があっても一緒に生きて行くことを約束すべきで、「何かの原因で子供に恵まれなかったら別れる」といった気持ちがあるなら、結婚するべきではないでしょう。

絶対に結婚したいのなら、あなたが「結婚」とか「子供」と言った途端《とたん》に逃げ腰になってしまうような相手は、人生の目標が、あなたの目標とはズレていることになります。

結婚についてあまり考えたことがないような人でも、本当にあなたを愛していたら、あなたが結婚したいという気持ちを尊重してくれるでしょうし、結婚したくないという理由が、自分の経験や結婚観の歪みなど、あなた以外にあったとしても、あなたと出会ったことで、それを癒《いや》して乗り越える時期がきたんだと、感じてくれるでしょう。

そういうふうに考えられないのであれば、なんだかんだ言っても、やっぱり自分自身のことで精一杯だという証拠なんじゃないでしょうか。

そういう人とは、たとえ結婚まで辿《たど》り着いたとしても、後は仕事や交友関係に逃げられてしまうかもしれませんし、結婚後にあなたが、ひとりで苦しむことになるかもしれないのです。

結婚したいと思う瞬間というのは、お互いの気持ちのズレがないものなのです。

最初から、そういう結婚だけを狙《ねら》ってください。相手は渋々《しぶしぶ》……なんていうのは、後でどうなるかわかりませんから。

「もっといい人が現われるかもしれない」と思う時

そして、「もっといい人が現われるかもしれない」と思ってしまう時は、結婚しないほうがいいでしょう。自分にも覚悟がないということですし、「本当に好きなんだろうか?」とか「この人、結婚に向いてなさそう」などと迷う時は、どんなに未練があっても、しがみつかないことです。

この世の中の「そろそろ結婚したい」と思っている人にフォーカスして、「まだまだ恋愛したい」と思っている相手は、とにかくターゲットから外《はず》してください。時間の無駄ですから。自分の決意が固ければ、必ずそのように道が開けるものなのです。それを信じて、自分と同じくらい、真面目に結婚することを考えている人だけを求めるようにするのが、成功する結婚への早道です。

既婚者との将来

女性の既婚者は、最初から離婚を覚悟で恋人をつくる人が多い感じがしますが、男性の既婚者の場合、恋愛はただの現実逃避で、もしかすると、恋人を頼りにして家を出れば、離婚にこぎつけるんじゃないかとか、恋人に勇気づけられて新しい人生を歩めるかもしれないと、希望を持ったりするのですが、だからといって本当に離婚するかどうかは、最後の最後までわからないものです。

離婚するにも、経済力や精神力、行動力、そして人生をやり直す勇気がいりますから、どんなに離婚願望があったとしても、離婚をしないまま、現実逃避ができる恋人との関係を保っていけるというのが、一番理想的だと思っている人が多いのです。

すでに結婚生活が完全に破局を迎えている人でない限り、離婚をして新しい生活に飛び込めるのか、ましてやすぐに再婚を考えられるのか、さらには新しいパートナーと子供を持ちたいと思えるかどうかわからないのです。

既婚者とお付き合いをする場合、いつまでもいつまでも待ち続けたあげく、結局は相手が離婚できないとか、離婚しても再婚する気になれないとか、そういった自分の期待とは全然違う結果になってしまう可能性が大きいのです。

確実に結婚したいのならば、既婚者とのお付き合いは、最初から避けるのが一番です。

もちろん恋愛というのは、いつも完璧な条件で始まるものではありませんから、たまたま好きになった人が既婚者で、今の結婚生活に満足していない人だったりすることはあるでしょう。

子供の有無も含めて、その人の人生の歴史をそのまま受け入れる包容力が、自分自身にあるかどうかということも、考えてください。

それに既婚者側が、本当に求めているのは自由で、けっして新しい人と再婚することではない場合もあるのです。ただ、今の生活から逃げたいだけの人も多いのですから、そんな人が結婚を考えてくれるのを待つのは、負ける可能性の高い賭《か》けに出るようなものです。

いずれ再婚しようと言ってくれてはいても、3年以上ズルズル離婚しないような相手であれば、あきらめるのが無難《ぶなん》かもしれません。家を出てしまっている人の場合は、まだ希望を持てますが、家に帰ってしまうような人に離婚を期待しないほうがいいでしょう。

あなたとの恋愛が本物で、あなたと再婚する気があるならば、できるだけ早く、何とか離婚できるように、手続きを始めるはずだと思います。

どんな経済危機に陥《おちい》っても離婚する気があるのかどうか、相手が経済的に苦しくなることを承知のうえで離婚してもらうことを希望するのか、自分にはそんな関係を支えていく精神力、経済力、行動力があるのかどうか、冷静に判断してください。慰謝料や養育費などの出費はもちろんのこと、子供のある人なら特に、元の家族と関わっていかなくてはいけない現実を、自分で受け入れられるかどうか、それによって自分が耐《た》えられないほどのストレスを受けないかどうかなども、よく考えてください。嫉妬深いタイプの人は、こういった状況は避けるべきでしょう。

実際のところは、既婚者の相手が離婚して、自分のところにこられても困る、という気持ちが、自分の中にあるかもしれません。相手はある意味、弱い立場にあると感じているでしょうし、家族にも恋人に対しても、何らかの罪悪感があるでしょうから、恋人は大切にして好き勝手にさせてくれるものです。

逃避目的の恋愛が、いつか本物の恋愛関係、ましてや結婚につながっていくことは期待しないほうがいいでしょう。

たとえ恋人が既婚者であっても、あなたにはあなたの人生計画を立てる責任があります。ですから、相手がいつまでに離婚して、その後再婚するのかどうか、ということは、なるべく早いうちから話し合えるようにするべきだと思います。

そこである程度プランが出せないようであれば、一緒に暮らすことはできても、結婚することは期待しないほうがいいでしょう。結婚と、一緒に暮らすだけとは、やはり異なった関係なのだと思います。

結婚したいのであれば、気持ちを切り替えて、自分の将来の発展に目を向けて、新しく結婚対象の人を探すことを考えられるのがいいと思います。

それこそ、人生を仕切り直すつもりで新しい恋愛をするべきなのでしょう。

結婚前のふたりの危機

順調に結婚に向かっていると思った矢先に、突然片方にブレーキがかかってしまうことがあります。または結婚を意識し始めた途端に、喧嘩が多くなってしまったり、長年一緒に暮らしていても、結婚の話が出た途端にダメになってしまうカップルもいます。

自分が本当に結婚したいのであれば、結婚できないと言い張る相手とは、まずは「別れる」という決断をするのがいいでしょう。

ここで「別に結婚してくれなくても、一緒にいれたらいいや」とか、「やっぱり別れるのが辛《つら》い」というのは、惚れた弱みや、ひとりになるのが怖いという不安です。

結婚したくないと言い張る相手の言いぶんを、受け入れるという選択をする前に、そういう相手にはいろいろな意味で問題があること、そして自分にも弱みがあって、それを乗り越えられていないことについて考えてみてください。どちらにせよ「不安」が一番の原因なのです。

ふたりは上手くやっていけるのかとか、別れて他の人を探すといっても、上手くやっていける人を見つけられるのかなど、結婚するにしても、別れるにしても、幸せになれるかどうかわからない、といった不安があるのです。これは「自立した幸せな自分」という基盤がない、ということもあるでしょう。

何よりも先に、あらゆる不安にがんじがらめになっている自分たちを解放する必要があるのです。

共存しているというよりは、我慢を重ねているような感じがしたり、どちらかが「すがりつく」ような関係で、相手を疲れさせてしまっているなど、今の関係が一生続くかと思うと嫌になってしまう原因が少しでもあったら、結婚直前の危機として表面化してくるものなのです。

そうなった場合は、ごまかそうとするのではなく、正面からぶつかって、解消できることなのか、そうでないのかを、とことん話し合いましょう。

マリッジブルーが意味すること

いざ結婚を決めたら、親族や友人への挨拶《あいさつ》や挙式の準備など、結婚を「晴れの門出《かどで》！」と考えれば考えるほど、プレッシャーになってしまって、精神的にも、経済的にも、肉体的にも、時間的にも、すっかり消耗《しょうもう》しきってしまう人もいます。

相手のちょっとした態度にオーバーリアクションしてしまったり、不安を感じてしまって、その場から逃げたくなったり、破壊的になったりする「マリッジブルー」によって、せっかくの新しい人生のスタートを台無しにしてしまいたくないですよね。

嬉しいぶんだけ、不安も出てくるのは、エネルギーというのが、上がったぶんだけ下がってくるもので、自分の精神状態も、水位のように一気に上がれば、一番自分に適した平常心に戻ろうと、一気に下がったりするからです。

結婚を決めてから「この人じゃないかも‼」なんて焦《あせ》らなくてもいいように、確実なステップを踏みましょう。このステップを適当に通過したりすると、自分自身にしわ寄せがきます。

ですから、どんなに舞い上がっても、さっさと結婚してしまおうとして、プロセスを急ぎすぎないことも大切です。結婚を先延《の》ばしにするということではなくても、疑問に思うことはきちんと話してからにしましょう。

どんな挙式にしたいのか、どんな結婚生活にしたいのか、自分たちで決めることではあるのですが、それが負担でパニックになってしまうようなことは避けるためにも、「期待のしすぎ」は慎《つつし》んでください。先はまだまだ長いのです。

結婚してからが修業ですし、結婚してみないとわからないことを心配するのではなく、

「自分たちで理想の結婚生活を創る」ということを前提に、素材同士として、お互いの片《かた》割《わ》れになっていく努力をすることを、約束できるだけでも素晴らしいです。

マリッジブルーになったら、それが環境の変化に伴う一時的なものなのか、それとも相手の何かが徹底的に嫌いなのか、考えてみてください。自分ひとりの気楽さとお別れする悲しみなのかもしれません。

他にも誰かいい人がいるかもしれないとか、これでもう選択肢《し》がなくなるとか、そんな迷いは天のゴミ箱に捨ててしまいましょう。どんなに準備万端で結婚しても、自らその結婚をダメにしてしまう可能性は残っているのですから。どうしようもなくなったら別れるしかないですが、まずは上手くやっていくことにフォーカスしてください。

中には、「どうしても結婚したくない」という気持ちを自分の中で認められない人もいます。相手や周囲の人の意志に流されて、結婚をとりやめるちゃんとした理由がなくて、「何となく今は結婚したくない」くらいしか言えない。そうやってズルズルと結婚に同意してしまったものの、当日どうしても式場に足がすすまなくなってしまった、みたいなケースもあります。

土壇場《どたんば》でキャンセルするとみんなに迷惑がかかるなんてことを気にして、無理して結婚しても、結局は後で離婚したくなるものです。それなら最初から結婚するべきじゃないのです。


相手のことを愛しているし、結婚したくないわけでもない。でも今じゃない。という気持ちがあるなら、まずはその気持ちを尊重しましょう。

なぜ今じゃないのか、考えてください。どこかに無理があるはずなのです。その今じゃない、というのは、どんなに相手が好きでも、たぶん別の人と結婚すると魂的に感じているのかもしれません。

魂は、自分が一番楽でいられる相手を求めるものなので、少しでも違和感があると抵抗します。相手に惚れ込んでしまって、無理を重ねてしてしまうことだってありますから。

そういう時は、悪者にされても、お金がかかっても、結婚をとりやめるべきでしょう。

ダメだと言ったのに相手が強引に結婚話に持っていったとか、自分だけが悪いんじゃないとか、お金を失いたくないとか、みんなに恨《うら》まれたくないとか、そんなことで迷うようでは、ここまでに至《いた》った優柔不断の悪循環の中に、まだドップリと浸《つ》かっているということです。

式場に向かう途中で逃げながらも迷う人もいて、結局は連れ戻されて、結婚させられて、その後も延々《えんえん》と悩んだりするのです。これは、恋人を失いたくないとか、自分を失いたくないとか、友だちを失いたくないとか、何もかも「失いたくない」という不安で決断をした結果が積もり積もったのでしょう。そこまでして逃げ惑《まど》う人を無理矢理つかまえて結婚する相手にも、問題があると思います。

結婚直前まで、「本当に結婚してもいいのかな」なんてことを、自分自身や周囲の人間、ましてや私のようなサイキックに相談するような状態なら、絶対に結婚するべきではないでしょう。基本的に迷う時、魂からのサインは「ノー」なのです。結婚するのをやめてしまう勇気を持ってください。

親に反対された場合

親に結婚を反対された場合、その理由を冷静に考えてみてください。基本的に親は、何よりも、誰よりも、自分の子供の幸せを願っています。とにかく末永《すえなが》く幸せに暮らしてくれることを望んでいるものです。そして親の「この相手じゃ心配」という直感は、当たっていることが多いと思います。

ただこの先、お互いがどれだけ努力をして片割れとして成長していけるのかといった、本人たちの努力にかかってくる部分に関しては、親にも予想できないことです。親は現実的、合理的な理由であなたの相手を判断するでしょうから、反対する気持ちもわからなくもない場合のほうが多いでしょう。

それでも自分が相手を愛しているから結婚すると決めた場合は、「自分たちで選んだ結婚」を成功させるために、夫婦でベストを尽《つ》くすしかありませんね。そうしているうちに、自分も相手も成長するはずですから。

親の言うことを聞いて、結婚をとりやめて、後で未練が残って、「あの時反対されたから、あの人と結婚できなかった」と恨むようになるよりは、思い切って結婚して失敗しても、「親の言う通りだったな」と思えるほうが、健康的じゃないでしょうか。

6章

ふたりの愛を育むために

――結婚してからのふたりにとって大切なこと

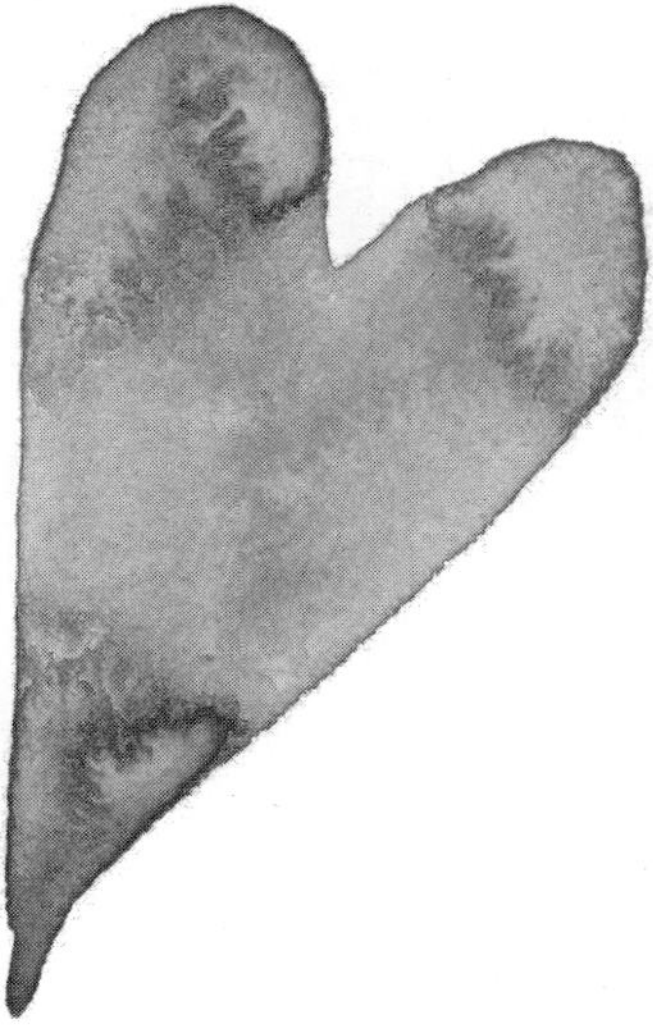

ステップ9

結婚生活を成功させるための努力を惜《お》しまない

正しい結婚のとらえ方

結婚したからといって、自動的に上手《うま》くやっていけるものではありません。上手くやっていくことを前提にして結婚するのですが、今までそれぞれ違った環境で暮らしていたふたりが、一緒に生活していくのですから、毎日がお互いのことを学び、受け入れていく修業の始まりです。むしろ結婚してからのほうが大変なのです。

お互いの要望に合わせようとするために生じる不都合だってあります。公平にと思っても、ついつい力関係ができあがってしまうでしょう。「幸せに生活できてるんだから不満はないだろう」というわけにはいかないものです。

夫婦の間の不満というのは、放っておくとどんどん深まっていきます。そのうちだんだん不満の根本的な原因が複雑に、または漠然《ばくぜん》としてきて、とにかく結婚のすべてが悪いんだと思うようになるかもしれません。そして離婚さえすれば、自分は幸せになれるなんてことも考え始めたりするのです。

ですから、毎日の生活の中で、夫婦の気持ちがぴったりと寄り添《そ》うようにお互いを思いやって、尊敬し合っていきましょう。そしてけっして夫婦間で競争したり、相手を敵に回したりしないことです。いつもお互いの味方でいましょう。結婚まで辿《たど》り着いたから、「後は適当に」なんてことでは、すぐに上手くいかなくなります。

結婚生活にかかせないパートナーシップの例

●シェアー、シェアー、シェアー！　何でも分け与える
●ふたりでひとり。なるべく一緒に行動する
●コミュニケーションを怠らない
●異性への怒《いか》りは捨てる。それをパートナーにぶつけない
●傷つけない！　かばい合う
●自分のほうが優れているという優越感は持たない。競争しない
●お互いの違いを徹底的に受け入れる
●相手の本質を変えようとしない
●いつも相手のために何かしてあげる
●いつも「愛してる」「ありがとう」「あなたのおかげね」「どういたしまして」と言う
●問題があれば、解決方法を一緒に考える
●お金の遣い方や管理の仕方は合意のうえで決める

●相手の嫌《いや》がることはしない
●相手の身になって考える
●自分がされたら嫌なことは、相手にもしない
●隠しごとはしない。素直な気持ちを伝える
●お互いに相手のことを優先して考える
●お互いの話をよく聞く。よく話し合う
●相手のために根気よく待ってあげる
●できるだけお互いの希望を叶《かな》えるようにして、抑制《よくせい》ばかりしないようにする
●お互いへの信頼感があってこそ感じられる自由を尊重する
●共通の夢を持つ
●「どっちでもいいよ」のかわりに、「あなたの好きなほうでいいわ」と言う
●「どうでもいいわ」のかわりに、「あなたの好きにしてくれたらいいわ」と言う
●積極的に一緒に美味しいものを食べる

他にもいっぱいありそうですね。

ステップ10

もしも、ふたりの間にピンチが訪れたら……

ぶつかり合いが起こるのも当然のこと

何となくいつも倦怠《けんたい》感や嫌悪感が漂《ただよ》う、コミュニケーションが取れない、喧嘩が多い、意思の疎通がない、愛情表現が欠乏している、ストレスでお互いにやつあたりすることが度《たび》重なるなどして、「もうやっていけない！」と思うようなことが、結婚生活にあっても、それはふたりの間を改善するチャンスです。

「足《た》らない部分を足して、いらない部分は削《けず》り落として、お互いの片割《かたわ》れになっていく」と書きましたが、片割れとして完成度を高めていくために、お互い出っぱった部分が、ゴツゴツぶつかってしまうことがあっても当然です。意外なところでぶつかったりもするもので、暮らしてみて、はじめてわかることだらけです。

自分自身のことにしても、自覚のなかった性格が露《あらわ》になってくることもあるでしょう。ごまかしてすれ違うよりは、思い切って真っ正面からぶつかってみるのもいいでしょう。ぶつかるたびに、どうしてなのか、どうすればお互いの気持ちを尊重できるのか、ひとつひとつチェックして、シェイプアップしていくことも、お互いの人間としての完成度を高めていってくれます。お互いの気に障《さわ》ることはやらない、言葉や表現を選ぶなどして、親しき仲だからこそ、さらに相手を思いやる気遣《づか》いが欲しいですよね。

結婚生活が危機に陥《おちい》る理由にはいろいろありますが、浮気、借金、ギャンブル、暴力、暴言、虐待など、別れるしか解決できないケースもあって、ひどくなると、自分の生死にも関わってきます。

終わりのない闘いを繰り返さないように、喧嘩するたびにお互いの最悪な部分ばかり引き出されることにならないように、無駄なぶつかり合いをしないように、ネガティブな言動はさっさと浄化しましょう。

最悪の喧嘩を避《さ》けるためのアプローチ例

●怒りにまかせて声を上げない、口調はあくまでも冷静に
●相手の弱みにつけ込むようなこと、怒りや恨《うら》みを買うだけのことは言わない
●「これ、怒《おこ》ってやったの？」「怒ってたから言ったの？」など、ただ短気になった反動での言動かどうか確かめる
●CITA（Caught In The Act ＝問題のシーンはその場でつかまえる）「おかしい」と思ったことは、その場で伝える
●帰れ、出て行け、は禁句
●クドクド文句を言わず、要点をさっさと伝える
●嫌な言動を指摘すると同時に、どうしてほしいのかも伝える

●質問はストレートにして、隠しごとはしない

「何となくおかしいと感じたから、あなたの携帯をチェックしたら、女の人から電話がしょっちゅうかかってきてるみたいだけど、この人誰？」と聞いて、素直に答えられないようなら、問題ありです。「俺を信じられないのか？」と言われても、「ここのところ不審な感じがするの」と、自分の気持ちを素直に伝えましょう。

それができない夫婦は問題ありです！　隠しごとをされたくないなら、自分が疑っている気持ちを隠すのも悪いことです。

●怒りが爆発してコントロールが利《き》かなくなったら、ひとまず休戦

「これじゃ話にならないから、後にしましょう！」「冷静になってから話しましょう」と、その場をいったん去りましょう。

●繰り返し喧嘩の種《たね》になる原因は排除

●嫉妬《しっと》した時はそれを相手に伝えて、その原因を明確にする

●責め合いをしない

●自分が悪い時は、さっさと謝る

●喧嘩を長引かせない、いつまでも怒らない

●スキンシップを大切にする
●怒ったまま寝ない、寝る前に必ず仲直りする、または謝ってから寝る

ステップ11

ふたりで ひとつの人生を エンジョイしましょう！

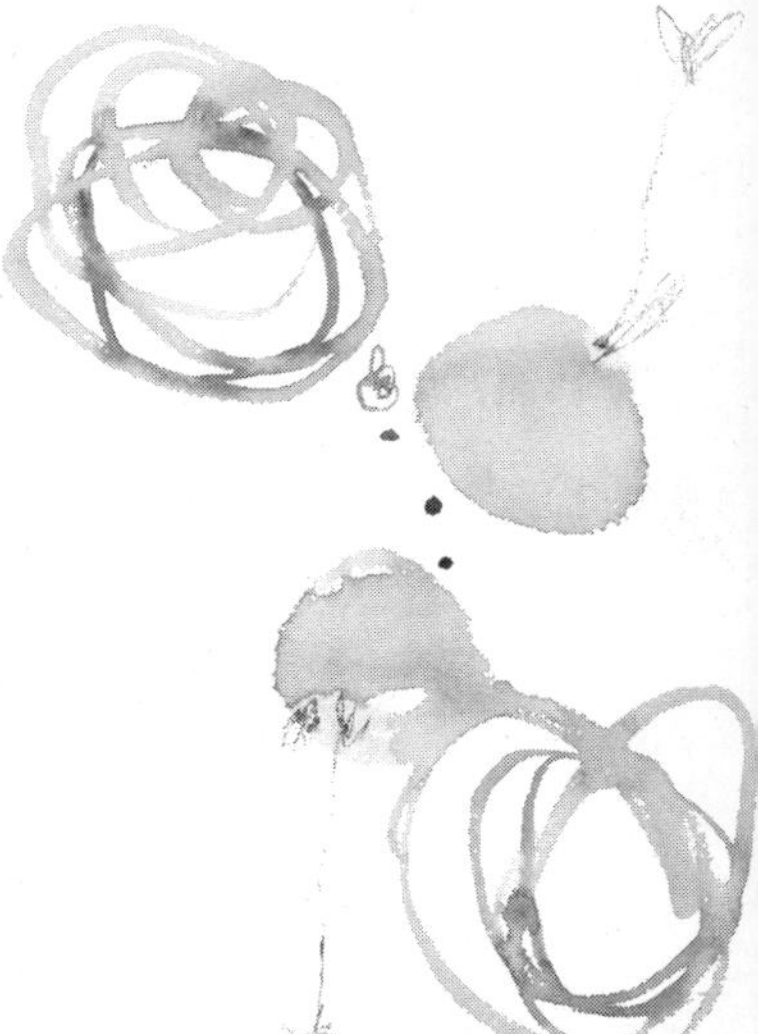

夫婦間のコミュニケーション・スキルをアップさせるこんな工夫

夫婦間のコミュニケーションが上手くいけばいくほど、結婚生活は新鮮なものになります。お互いのことがよくわかってくればくるほど、いつも新鮮でいられるように、いろいろ工夫しましょう。慣れ親しんだ人との間に生まれる新鮮さは、新しい恋愛の新鮮さなんかより、ずーっと深みのあるものです。

ここに挙げたのは、ごく一部の例です。

●いつも相手のことを考えていると伝えましょう

「ほら、あなたの大好物を作ったのよ」「君のことを考えて、これを買ってきたんだよ」など。

ごく当たり前のことでも、自分のためじゃなくて、相手のためを考えてやっているんだってことを強調しましょう。そして「ありがとう!」「愛してるからね」といった感謝の言葉で応《こた》えましょう。

●ちょっとしたサプライズで相手を喜ばせることを考えましょう

こまめにプレゼントをするとか、日常使うちょっとしたものでも、ラッピングしてあげるとか、肩もみギフト、フェイシャル・ギフトをしてあげるとか、恋愛中に思いつきそうなことを、あえて夫婦だからやる、みたいな感じでちょっとしたサプライズ・シーンを毎日の生活の中に取り込んでいきましょう。

しかけられるより、しかけるほうが楽しかったりもしますよ。

●相手の生活改善のアイデアをどんどん出してあげましょう

「いつも同じものを、忘れる、失う」など、ちょっとしたアイデアで改善できることなのに、本人にとって慢性化して「いつものこと」とあきらめてしまっていることって、ありますよね。

そんな時は、ちょっと先回りをして「また忘れちゃうから、ここに置いとくよ」「そんなことしたら、絶対またなくなっちゃうよ」みたいに助言してあげたり、「今ここで一緒にやろう」というように、小さな問題も一緒に乗り越えましょう。

●お互いに常々やってみたいと思っていたことを、一緒に達成しましょう

ずーっと行ってみたかった場所、やってみたかったこと、結婚してから、ひとりでプラッと気ままに出かけることができなくなって、おあずけのままのプランなど、ふたりになったからこそ、やり遂《と》げるべきですね。

夫婦で日常を離れた、新鮮な感覚を体験しましょう。

●実家の家族にも話すことがないような、子供の頃の思い出とか、夢、自分の奥底にある感情などを、お互いから聞き出すようにしましょう

家族って、いつも側《そば》にいるので、ついつい自分の奥底にある細かい感情などの話をするチャンスを創らないまま、毎日生活していたりするのです。慣れ親しんだ人ほど、表面的な部分や、とりあえずやらなくちゃいけないことなどを優先して、くだらない会話しかしなくなっていることもあります。

聞いてみたら、「へぇー、こんなこと考えてたんだ、知らなかった！」なんてことが、たくさんあるかもしれません。

●独身の頃から抱《いだ》いていた夢を達成するように、お互いに励《はげ》まし、支え合いましょう

別に使う予定のない語学でも資格でも何でもかまいません。パートナーにも手伝ってもらって、念願の夢を達成してください。一緒に頑張ったら、嬉しさも倍増しますから。そして相棒のありがたさや才能を見直したりする、いいチャンスになりますしね。

7章

再婚するために

――本当にこの人と結婚してよかったと言える日のために

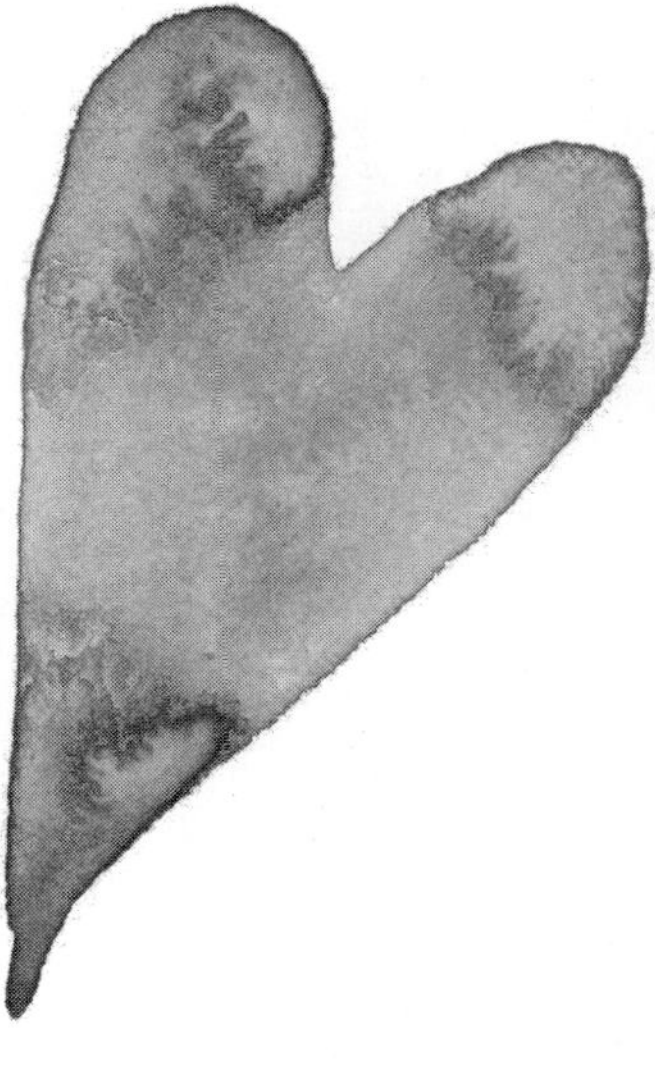

別れを乗り越え、再び魂のパートナーに出会うことはできます

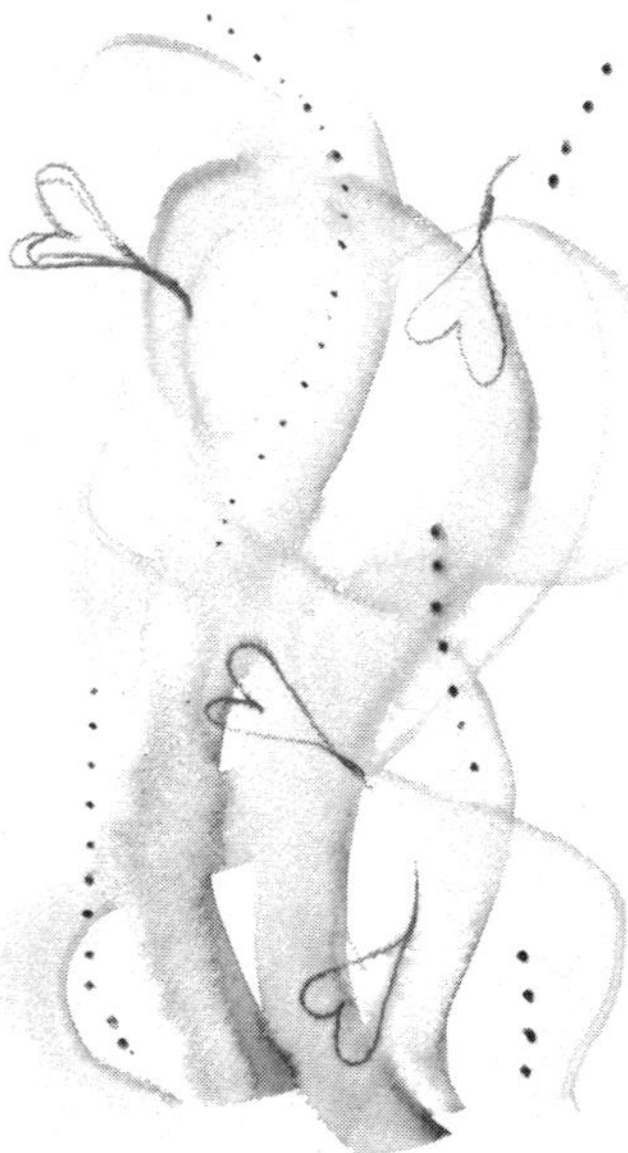

子供を授《さず》かるご縁はあっても、生涯を共にするご縁がない場合もあります

最初に結婚を決めた人と、永遠に幸せな家庭を築いて一生を共にすることができれば、それは理想ではあるのですが、必ずしもそうはいかないこともあります。だからといってそれが不幸とか失敗とは考えるべきではないですね。子供を持つ相手と、一生を共にする相手が別ということは、いろんな状況で起こります。

離婚、死別など、不本意な別れはもちろんですが、たとえば20歳の時に未婚で子供を産んで、40歳を過ぎてから本当の魂のパートナーに出会ったという人もいます。

子供を産み育てた20年のうちに、自分自身が成長して、さらに成熟したパートナーに出会って幸せになれて、子供の父親とは結婚しなくて本当によかったと思う、と言う人もいます。

たとえ不本意に離婚や死別があったとしても、再び良きパートナーに出会うことはできます。魂のパートナーは、この世にひとりしかいないわけではありませんから。

離婚した場合、仲の良い両親として存在してあげられなかったことに関しては、子供に素直に謝るしかないのですが、でもそのほうが、家族みんなの魂と精神のためにいいと判断した、ということを理解してもらってください。

出産を目前にして、パートナーとの別れを決意する人もいますし、妊娠中にパートナーと死別する人だっています。または、最初からシングル・マザーを望む人もいます。

ご縁《えん》という点から観《み》ると、子供を授かるご縁があった人でも、一生涯を共に過ごすご縁はない場合があるようです。それを失敗だとか間違いだとか、ネガティブになったところで、何のプラスにもなりません。子供にとって一番大切なのは、ひたすら前向きで正直、一生懸命でハッピーな親の姿に接していられることだと思います。

結婚に失敗したという思いから立ち直れない人へ

たとえ離婚を繰り返したとしても、「本当にこの人と出会えてよかった！」と苦い過去を全部清算してくれるような人に出会えるまで、あきらめない姿勢で生きるべきだと思います。

別に離婚を奨励しているわけではありませんが、人間的に優秀な人でさえ、出会いに恵まれないこともあります。何回も再婚して、やっと本物の結婚相手を見つけることができたという人の離婚の原因が、浮気癖ばかりとは限らないのです。自分をよく知らなかったとか、結婚について、この本でこれまで述べてきたような内容のことを、じっくり考える時間がなかったのかもしれません。

「今度も失敗するんじゃないだろうか」と思うんじゃなくて、「絶対に幸せな結婚を勝ち取る!」と誓《ちか》って、何がいけなかったのか反省しましょう。そして次の出会いでは理想にピッタリの人を見つける意志を固めてください。

私たち人間が学ばなければいけないのは、どんなに失敗してもあきらめないで理想を追うことです。失敗したら、その失敗を無駄にしないことが大切ですね。

離婚と再婚の決意のために——不安や恐怖心を克服しましょう

離婚を経験すると、「もう二度と失敗したくないから、結婚はしたくない」と思う人もいますが、こればかりは自分の魂の声をよく聞いて、本当にずっとひとりでいてもいいのか、それともやはり人生を共にしていけるパートナーを見つけたいのか、自分の正直な気持ちを知ってください。

ひとりでいるのは寂《さび》しいけれど再婚はできない、というのは、「不安」や「恐怖心」「自信のなさ」の表われです。

不安を理由に物事を決めるのは、その不安を肯定したことになります。ということは、ずっとその不安と共存していくと決めたことになります。そういった場合、不安はなくなりません。思い切って再婚して幸せにならない限り、「失敗したくない」という気持ちは消えないのです。

再婚も結婚と同じように、自分で獲得していくものです。ましてや十分失敗して痛い目に遭っているのなら、なおさら次に失敗しないためには、どうすればいいのかということが、以前よりはわかっているはずです。わかっていないなら、ただちに過去から学びましょう。

「これから離婚して、再婚するんだ」と考えた途端《とたん》に、離婚の大変さと、新しい出会いを求める大変さを考えると、「とてもじゃないけど、離婚するだけでも精一杯」という気持ちに圧倒されそうになるかもしれませんが、これもキャリア同様、「今の仕事を辞《や》めて、新しい、もっと理想的な仕事をするんだ」という決意のもとで動けば、必ず希望は叶《かな》うはずです。叶えてみせるしかありません。

自分が本当に求める幸せや、新しい人生は、自分が動かなければ誰も与えてくれないのです。自分の人生を自分で選択して、決断して、実行する。それだけです。自分を幸せにする道は、自分で切り開いていかないといけませんから。

ただ、いったん家族を持ってしまうと、自分ひとりで離婚を強引に決めてしまうわけにはいかなくなります。

いくら離婚するしか他に方法がない、という結論になったとしても、それによってすべてを壊してしまって、一《いち》からやり直すのは大変なことです。自分や子供の精神力、行動力、そして財力などの土台がないのに無理をすると、それこそ立ち直れなくなるくらい、苦境に追い込まれる可能性があります。必要な時間をかけて、巻き込まれる家族みんなへのダメージが、一番少ない方法やタイミングを選びましょう。

家庭内暴力や浮気などで、とにかくすぐに別れるしかないといった、緊急を要する場合でなく、そんな決定的な理由もないけれど、このまま一緒にいても仕方がない、お互いに幸せにはなれないだろう、という結論で離婚する場合も、それなりに時間をかけて、離婚によって影響が出る家族たちとも相談しながら、一番いい時期を選べるように進めてください。

おわりに

この本を書き終えようとしていた頃に、「今世紀はじめて、アメリカの未婚女性の数が既婚女性の数を上回った。近頃の女性たちは晩婚を選ぶか、または未婚のままパートナーと同居だけすることを望んでいる」というニュースが飛び込んできました。

いつも魂《たましい》論をぶちまける私に、「もっと『ナショナル・ジオグラフィック』を視《み》てごらんよ。サイエンスでは、人間の営《いとな》みのすべてはサバイバルするためだけのものなんだと証明されているんだよ。人口が増えすぎると、戦争したり、出生率が下がったりするのも、サバイバルのためだけさ。必要あってのことなんだよ」と説教する、夫の友人の言葉を思い出しながら、「だからこそサバイバルするために魂の結婚をして、未来のために健《すこ》やかな魂を残していくことが大切なのよ！　魂の入ってない恋愛をしても、結婚する気になれないのは当然よ！　『サバイバル婚』より『魂婚』をしなきゃ！」と、ますます「魂の結婚のススメ論」を譲《ゆず》らない決心を固めたのでした。

次の内容は、「ＮＹタイムズ」で取り上げられた、「結婚前に話し合っておけばよかった！」とみんなが思うことのリストです。参考までに載《の》せておきます。

・子供を持つか、持たないか。持ちたいけれど、子供に恵まれなかった時はどうするか。誰が主に子供の面倒を見ることになるか
・毎月の収入額、支出額、貯蓄額などの目標
・家事の分担をどうするか
・肉体、精神の健康状態、病歴などについて
・愛情表現が十分できているか、気兼ねなくセックスについて正直な気持ちを話せるか
・テレビを視る時間、時間帯、どの部屋にテレビを置くか
・お互いの希望や苦情を十分話し合って受け止めることができるか
・信仰心について
・お互いの友人の好き嫌いについて
・お互いの親とその関係についてどう感じるか、悩むような原因になることはあるか
・結婚したことによって、あきらめたくないこと、手放したくないもの、変えたくないこ

・どんな時も一緒に乗り越えていけると信じられるか
・相手が結婚に対して責任を持ってくれていると信頼できるか
・どちらかの転職のチャンスにより遠方に移転しなければならなくなったら、どうするか
となどはあるか、それは何か

最後までお読みいただいたみなさん、ありがとうございました。みんなに「魂の結婚」をしていただきたくて、一生懸命書きました。

そして推薦のお言葉をくださった安野モヨコ先生。これぞ「魂婚」といった感じの素敵なご結婚をされた先生にお言葉をいただけて、本当に光栄です。

また、この本を書くチャンスをくださった祥伝社の書籍出版部をはじめ関係者のみなさま、本当にお世話になりました。大変感謝いたしております。特に担当の栗原さんと私は、同じような時期に同じ人生の節目を体験するという、不思議なご縁もあり、彼女に「魂の結婚」をしていただくためにも一生懸命書きました。

未来の旦那様候補に出会うためにさっそく行動を起こしていただいた、みなさんには、

きっといろいろな変化が起こるでしょう。

「あの人はあなたのことを愛してないよ」と指摘されたら「ムッ！」とくるかもしれませんが、「アイツは魂入ってないよー」ってアドバイスされると、「そうかもなぁ」と、素直に受け入れられるようになるかもしれません。これも小さな変化だけど、やがて大きな変化になることですよね。

この本を読んで、「魂の結婚ができた！」という読者のみなさんは、ぜひご報告ください。そしてすでに「魂の結婚」をされているみなさんには、その素晴らしさを周囲に言いふらしていただきたいです。これも大切な「魂エコロジー」運動ですから。

ここで最後に、私の最愛の家族へのお礼です。

Thank you to my husband Ken Brescia for your love and support. Without you this book would not have been possible. My beautiful sons Michael-Akira and Julian-Kenji for the miracle of your existence. My mother in-law Clara for giving me your life wisdom. There's nothing I wouldn't do for you guys! I Love You All!

Mayumi Harada

あなたは出会うべき人に必ず会えます

一〇〇字書評

切り取り線

購買動機（新聞、雑誌名を記入するか、あるいは○をつけてください）

□（　　　　　　　　　　）の広告を見て
□（　　　　　　　　　　）の書評を見て
□ 知人のすすめで　　□ タイトルに惹かれて
□ カバーがよかったから　　□ 内容が面白そうだから
□ 好きな作家だから　　□ 好きな分野の本だから

●最近、最も感銘を受けた作品名をお書きください

●あなたのお好きな作家名をお書きください

●その他、ご要望がありましたらお書きください

住所	〒				
氏名		職業		年齢	
新刊情報等のパソコンメール配信を 希望する・しない	Eメール	※携帯には配信できません			

あなたにお願い

この本の感想を、編集部までお寄せいただけたらありがたく存じます。今後の企画の参考にさせていただきます。Eメールでも結構です。

いただいた「一〇〇字書評」は、新聞・雑誌等に紹介させていただくことがあります。その場合はお礼として特製図書カードを差し上げます。

前ページの原稿用紙に書評をお書きの上、切り取り、左記までお送り下さい。宛先の住所は不要です。

なお、ご記入いただいたお名前、ご住所等は、書評紹介の事前了解、謝礼のお届けのためだけに利用し、そのほかの目的のために利用することはありません。

〒一〇一-八七〇一
祥伝社黄金文庫編集長　吉田浩行
☎〇三（三二六五）二〇八四
ohgon@shodensha.co.jp

祥伝社ホームページの「ブックレビュー」からも、書けるようになりました。
http://www.shodensha.co.jp/bookreview/

祥伝社黄金文庫

あなたは出会《であ》うべき人《ひと》に必《かなら》ず会《あ》えます
「魂《たましい》の結婚《けっこん》」で本物《ほんもの》の愛《あい》と幸《しあわ》せを手《て》に入《い》れる

平成23年10月20日　初版第1刷発行

著　者　原田真裕美《はらだまゆみ》
発行者　竹内和芳
発行所　祥伝社《しょうでんしゃ》
〒101－8701
東京都千代田区神田神保町3－3
電話　03（3265）2084（編集部）
電話　03（3265）2081（販売部）
電話　03（3265）3622（業務部）
http://www.shodensha.co.jp/

印刷所　萩原印刷

製本所　ナショナル製本

Printed in Japan　© 2011, Mayumi Harada　ISBN978-4-396-31557-3 C0195